李瑞騰教授

七秩榮退紀念文集

從愛出發

朱嘉雯 主編

水遠山長（序）

——慶瑞騰老師七秩榮退兼及師恩述往

張堂錡

一

在「李門」超過百人的弟子中，我因是老師指導的第一個碩士和博士，而被眾多師弟妹們尊稱為「大師兄」，大師兄與師父之間的關係肯定不一般，確實也是如此。李老師僅大我十歲，但「師父」一喊，「仰之彌高」，覺得是兩種輩分，年齡差距一下就拉開了，如師如父，恭執弟子之禮也就自然而然了。但說是師父，和後面百餘位師弟妹們有一點不同，那就是我竟不曾上過老師的課。從德明到文化，從淡江到中央，上過老師課的學生多不勝數，但我一直無此機緣親臨課堂，聆聽老師據說「講課聲音非常洪亮，鏗鏘有力，在教室外就可以聽見他抑揚頓挫的聲音」的盛況（葉連鵬語），感受他「情緒激昂」、「聲調多變」，讓人時而「瞠目結舌」，時而「拍案叫絕」的「舞臺魅力」（黃憲作語），老師因此戲稱我為他「半路撿來的學生」，他說：「除了『緣分』，還能怎樣解釋？」

現在回想，「撿來」其實是因為他還沒準備好我就出現了。那是一九八八年，我就讀臺師大國研所二年級，在學風相對保守的學術環境，不鼓勵研究現代文學，熱中文學創作的我，能想到的是在離「現代」最近的「近代」文學中找題目，老師的博士論文〈晚清文學思想之研究〉處理了許多近代文人，正符合我的研究意圖，於是在他剛拿到博士學位、初到淡江任教、尚未想到指導研究生這件事的時候，我的登門拜師顯然讓他有些措手不及。還記得是在復興南路「文苑」的《文訊》編輯部，他喃喃說著指導研究生是大事，要慎重，說了好幾次，其實他早已決定會收下我，不斷地這樣說，應該是和我一樣緊張吧。說慎重，但好像又很自然，一個小時左右，討論了以晚清詩人黃遵憲為碩士論文題目後，師生之情分就定了下來。他捻熄其實沒怎麼抽的菸，瞇著眼，笑笑地送我離開。我鬆了一口氣，離開文苑，走過黃昏時分車水馬龍的SOGO商圈，人聲鼎沸嘈雜，但心裡覺得安穩，世界很安靜，完成了一件大事。沒想到的是，和老師的緣分從那一刻起，果然是個慎重的約定，三十多年，一直沒變。我是他撿來的學生，他是我求來的恩師。

三十多年來，我和老師一起在學界文壇打滾，奔波，做人，做事。從壯年的聽雨客舟到而今的聽雨僧廬，我們有自己的生活追求，也有共同的理想交會，如今，老師七十，我六十。感謝這相差的十歲，讓我有師，有師如父，有師如山。不會忘記，碩士論文口試時，他扶著夢機老師出現在門口的身影，本來忐忑的心馬上安定下來；考上博士班時，他驚喜得在《文訊》辦公室讓德屏姊在冰箱取出啤酒為我祝賀；我本來博士論文計劃要研究南社，這也是老師的建議，但我最終選擇研究現代文學的「白馬湖作家群」，他寬容地接受；博士班規定指導老師最好是教授，為了我的堅持，當時還是副教授的老師被我逼得不得不升等，每天早起，去附近松山高中跑步完然後埋首書房趕寫論文，好像我成了指導教授，督促他在百忙中完成〈老殘遊記的意象研究〉，順利升等教授，讓彼此都了了一樁心事。升等教授後的老師開始了日後一連串的行政工作，而我也「師出有名」，這份師生情緣得以延續；一九九九年六月，老師帶我和嘉雯、竣瓘、雅文一起去香港大學參加「柏楊思想與文學國際學術討論會」，他可能吃了太多青芒果，皮膚起疹而緊急在黎活仁教授陪同下就醫，三位師妹在我房間商量該怎麼辦，焦慮之情已經超越「師」而是「父」了，我深刻感受到老師在弟子心中巨大的分量；也是一九九九年，在康來新系主任的提攜下，我到中央兼課，和老師每週得以見面，有一次在系辦外的樓梯口，我們正談著國文課的改革，一位資深的老師經過，看著我們，緩緩說出：「這將是歷史畫面」，大家會心地笑了；但我終究沒去中央，拿到博士學位後，一九九九年八月起，政大中文系成為我大學專任教職的落腳處。有一回巧遇時任政大中文系主任的董金裕教授，大家寒暄時，老師突然有些靦腆地以請託的語氣對他說：「請多多照顧堂錡」，那神情完全就是帶孩子去學校見老師的家長，我在旁邊熱了眼眶，感動久久。

是啊，就是家長，不必多語，一日為師，終身為父。所以，後來他邀我和他一起投入一〇八課綱的研修工作，我說好；邀我參加「羅家倫與五四運動研討會」發表論文，我也說好；要我到政大圖書館幫他查資料，我當然說好；當我開始提倡「民國文學」後，辦刊物請他寫稿，他說好；舉辦研討會請他主持，他也說好；出書時請他寫序，他當然說好。二十多年來，不常通電話，很少聚會吃飯，過年也不拜年，但這份師生情緣始終放在重要的位置，只要一聲召喚，盡力而為。看似淡如水，其實烈如酒。這樣的緣分，不知前世多少香火因緣。

這一切，想來都是從那天去拜師的一個小時開始的。徐志摩曾經於一九二二年七月的一個雨夜，獨自在倫敦拜訪了他心儀的女詩人曼殊斐兒，談了二十分鐘，後來他滿懷深情地說那是「二十分不死的時間！」是的，時間可以不死，在記憶中，在詩篇裡，在想念的時刻。我也有著屬於我和老師不死的六十分鐘，時間的重量讓那一天那一刻的所有細節在生命中永遠散發著光，成為不死的記憶。

都說時間是賊，偷去了我們的青春容顏，偷去了生活中的悲喜憂歡，偷去了曾經有的壯志雄心，甚至偷去了當下堅信永不抹滅的一些記憶片段，但是很奇妙地，那不死的六十分鐘卻不曾失去，偷也偷不走。我自己如此，相信老師的弟子們也是如此。

二

翻看著師弟妹們為老師生命中重要時刻所寫下的文字，我果然看到了每個人和老師的深淺緣分，都有屬於他們和老師互動所銘刻在腦海中不死的記憶。三十一篇文章，拼湊出老師如何「從愛出發」，終成「光之所在」（卓清芬語）的真實面貌與感人力量。當他們和老師生命交會的時刻，一定發著光，憑著愛，這光芒在日後人生道路曲折蜿蜒，甚至黯淡灰暗時，彷彿指引，在前方越照越亮。

當鍾怡彥因父親突然過世，面對父親遺願出版《鍾鐵民全集》而不知所措之際，是老師出手相助，以豐富的編輯經驗和人脈使全集順利出版，她因此充滿感激地說：「全集編輯、論文寫作遇到困難都不知道要找誰，還好有老師在，常常關照、支持著我度過最艱難的日子，像父親般的給予意見，包容我的懶散，讓我有精神依靠。」；當盧柏儒莽撞地敲開文學院長辦公室大門，請求老師指導博士論文的那一刻，他知道此後人生將有所不同，因為老師將會一路陪伴和提攜；汪筱薔則是永遠記得在陽明山上的那場婚禮：「當時下著大雨，且老師當時擔任課綱編修的國文科召集人，上、下午都有著緊鑼密鼓的會議，但他依然不辭辛勞在中午會議暫休時間驅車上山參加我們的婚禮。縱使身負繁忙公務，但絲毫沒有讓他人感受到緊迫，依然不疾不徐地說完充滿人生智慧的致詞，獻給我們最誠摯的祝福。」我當時和老師在課綱研修的會場，筱薔所言我可以為證，老師說這是人生大事，不能不去，儘管議程緊張，儘管他心裡其實很著急；還有吳鈞堯記得的畫面：「那一次為了商榷論文大綱，就他家巷口小餐廳討論，李老師語氣剴切，威嚴之餘挾帶溫柔，竟似情人的威脅，『你不給我寫好，就給我試試……』」記得這麼清楚，可見老師恩威並施的力道已經劈入他的內心。每一次的協助，每一句的提點，每一次的奔波，每一句的問候，老師把他的時間給了我們，而我們能做的也許只是牢牢記得。

和老師同在中央共事多年的莊宜文，不僅獨享老師種種祕密，還幸運地接受了我們敬愛的錦郁師母的百般照顧，且看她這樣寫道：「想起寫完博論後，和學妹請老師闔家共餐，那天學妹不克前來，走在當時有些清冷的忠孝東路五段，鞋帶鬆了，我彎下腰綁起，他們停住腳步回頭等我，抬起頭時，正值盛年的師母溫藹笑說，宜文看起來小，好像我們女兒，結果那餐是師母請客。」不是親如家人，不會說這樣的話，師恩如山，宜文多幸運，兩座山。朱嘉雯也是出身中大，畢業多年後有機會回母校演講，時任院長的老師，完全可以不來，然而，「那是一個平日的晚間，天氣不大好，我算是風塵僕僕趕到了文學院，踏著熟悉的步伐上樓，才剛上二樓，腳步還沒站穩，就看見老師站在那兒等我。」這讓她不可置信，更不可置信的在後頭：「等我演講結束，正準備走出教室，卻又看到他出現在門口，然後我們一起走一段路，隨興聊聊，直到我去搭車。」完全是家人的噓寒問暖，平凡無奇，但那溫暖永遠忘不了。梁竣瓘畢業後，求職並不順利，老師親自帶著她到開南大學與人社院院長面試，最終得以專任開南，「對我來說李老師不只是指導老師，更像是自己親人一樣，參加我的婚禮，帶領我進入職場。」當時的人社院院長郭明政，後來成為政大校長。我可以想像，當老師與郭院長見面時，肯定也是靦腆又不失得體地說道：「這是我的學生，她很優秀……」我彷彿看見當年我初進政大，老師對董金裕教授託付時家長般的情景，原來，大師兄或小師妹，在老師眼裡，都是兒，都是女。

這麼多年來，老師在生活中扮演了指導教授、婚姻顧問、心理諮商師、求職仲介等這麼多不同的角色，游刃有餘，樂在其中，如果不是出於對學生無私的愛，這又該如何解釋呢？「李門」弟子也許不算多，但凝聚力強，每年八月老師生日前夕總有溫馨的聚會，數十人常常將餐廳擠爆，弟子們帶著另一半、下一代來參加者越來越多，如果不是出於對老師無以回報的愛，那又該如何解釋呢？

三

學界重師承，師承一多，也就有了門。師門厚重，不是隨便呼朋引伴就可自立一門，依我看來，至少要有老師的聲望號召，門生的聲勢呼應，寬廣的人脈網絡，學界社會的影響力。毫無疑問，瑞騰老師在學界文壇行走多年，早已望重士林，備受推崇。老師有一種天生的磁性人格，很容易讓人被他吸引，上課、開會、閒談、聚會，幾句話下來，就會成為言談的焦點。老師對學問的追求一如對婚姻的體認，強調要有「包容」精神，不同領域，不同學科，不同立場，不同觀點，無分新舊，不論古今，他都能接受轉化，跨越運用，流動而不凝固，而成大家氣度。果然是「有容乃大」，老師寬廣的學術興趣與豐厚的治學根柢，使他在當代學者中顯得與眾不同。我們提起「我的老師李瑞騰」，一如「我的朋友胡適之」，背後是滿滿的驕傲。

很少學者像他這樣，既是中國古典文學研究會理事長，又是中國現代文學學會理事長；在中大，當中文系主任時代理文學院長，當文學院長時代理中文系主任；當中大圖書館館長，又南下當臺灣文學館館長；《商工日報》副刊、《文訊》雜誌、漢光出版公司、中大出版中心，三種不同紙媒的主編他都做過，而且有聲有色；主編不過癮，乾脆創辦《臺灣文學觀察雜誌》、《臺灣詩學季刊》，擔任社長，日夜在編務中實現文學大夢；長年在大學校園運籌帷幄國文課程之餘，竟然還接了高中國文一〇八課綱研修小組的召集人，三年多的時間，折衝調節，每一字每一句，反覆思考，不斷潤飾，因為知道影響的是千千萬萬高中現場的老師和下一代的年輕孩子；這次要出版老師祝壽榮退文集，詢問九歌出版社陳素芳總編輯，她爽快答應說：「沒問題，李老師是我們九歌文教基金會的董事長呢！」如果知道他還身兼作家黃春明創立的黃大魚文化藝術基金會董事長，就不會訝異何以老師的行政長才一直以來都被朋友圈津津樂道著。

文集中收錄了幾篇臺灣文學館同事的文章，將老師四年來南北奔波、殫精竭慮地策劃、推動、執行各項大小事物的身影和業績，做了形象又生動的描述，例如研究組的林佩蓉組長寫道：「在李館長四年的任期中，編纂《臺灣文學史長編》三十三冊、《臺灣古典作家精選集》三十八冊、《臺灣文學史料集刊》、建立『臺文館叢刊』系列，以及建置『臺灣文學網』、成立『臺灣文學外譯中心』。這六大項工作皆在文學史的點線面中發展，成為臺文館亮眼的成績，影響層面也頗為深遠。」她笑稱臺文館同仁將館長當作耗材使用，平均二年不到就換，但李館長任期卻遠高於平均數，足足做好做滿四年，「要不是因為借調任期的問題，真希望他可以無期限地做下去，因為他不僅是一位最稱職的館長，也是一個令人敬佩的師長。」趙慶華則敏銳地觀察到，老師雖然看起來是典型的讀書人，但骨子裡其實是個社運健將，「帶著強烈的社會改革意圖，把文學事務，無論是教學還是行政，都當成一場社會運動來實踐。只不過他的運動現場不是在街頭，他的倡議也不是聲嘶力竭的那種，而是就在他的崗位，靜水深流，不辭涓滴，一步步地把臺灣文學的根札深，把人文素養的精神傳遞延續下去。」確實是知人之語。

這樣一位有理想、熱情、溫度，沒有架子、官威、身段的「非典型政務官」，深受同仁愛戴敬重，任期屆滿要歸建中大，依依難捨之情油然而生，卓清芬寫了一個生動的細節：「瑞騰老師卸任臺灣文學館館長職務的時候，掃地的工友特別依依不捨。那種發自肺腑的真誠親切和寬厚，與他共事過的人都能夠銘感於心。」陳秋伶則說出已經離職幾年，館內同仁對老師的敬愛絲毫未減：「李館長任期屆滿，離館返校服務後，仍持續關心著同仁，只要一回館便到每個組室走走，與同仁們擁抱寒暄，同仁爭相走告不要錯失了李館長回來的見面機會，由此可見，他是一個多受館員愛戴、歡迎的館長。」她還說了一個讓人特別感動的「小事」：「二〇一八年的某一天，他又回館了，同事告訴我李館長急著找我，要我去展場找他，我沒想太多，就一個展覽室一個展覽室地去找他了，見到他時，他給了我一個大大的擁抱，輕聲地問道『母親還好吧！』，我的淚水便止不住地滑落，居然他這麼貼心、關心我，應該是他前幾次回館都沒碰到我，得知我請了侍親假在家照顧母親，也隔了近一年的時光，他居然把我的事放在心上，怎不要人感動呢？」這樣的故事其實很多，每一位和他稍有接觸過的人都會感受到他的「暖男性格」，何況是相處多年的同事、朋友和門生。認識老師三十幾年，他處處為人著想的細膩貼心，即之也溫的純真性情，始終沒變，不論在哪個崗位，也不論何種身分。

這麼多年來，老師擁有學者作家主編、主任院長館長的多重身分，同時要教書寫書編書，沒有過人的學養才智、嚴以律己的意志力，很難做到。門生不免感嘆，只要能達到老師其中的一項成就於願足矣。面對論文寫作已捉襟見肘，講學授課常感分身乏術，演講辦會議更是苦不堪言，但老師做來總是不慌不忙，舉重若輕，勝任愉快。單以寫書來說，詩集《牧子詩鈔》、《在中央》，散文集《深情》、《有風就要停》，文化論述《批文入情》、《文學關懷》、《文化理想的追尋》、《文學的出路》，學術研究《晚清文學思想論》、《老殘夢與愛》、《情愛掙扎——柏楊小說論析》等多達二十幾種，更別提他主編出版的數十種叢書、套書了。這兩年，我在政大推動「跨域．創新．實踐——應用中文學分學程」，其實老師早在淡江任教時即已開設「應用中文」課程，建構知識體系，擘劃學習藍圖，我所做的和老師當年的提倡理念並無二致。這幾年，我在學界提倡「民國文學」的研究，請老師來演講「民國文學的跨域流動」，一席話真勝讀十年書，原來老師早在東南亞文學圈經營多年，對我們的學術概念做了深刻的指引和啟發。我忽然覺得，好像怎樣也逃不開老師如來佛的掌心，晚清到民國，臺灣到大陸，現代與當代，理論與實務，老師都在前方開了路，鋪好橋，等待有心人前來。以前不懂顏淵對孔子的喟嘆：「瞻之在前，忽焉在後」、

「雖欲從之，末由也已」，現在也似乎懂了。前方有路，前方有光，李門弟子因而得以追隨，無法超越，只能仰望。

正是在老師無形有形的薰陶感召下，李門弟子在各人的工作崗位上都戰戰兢兢，以老師為榜樣，亦步亦趨地希望能走出屬於自己的方圓矩步，不負師恩。步老師後塵擔任系主任、所長的至少就有林淑貞、翁聖峰、陳政彥、汪淑珍、梁竣瓘、朱嘉雯和我，為師門廊廡添磚增瓦，然而院長、館長至今仍無。果然老師就是老師，吳鈞堯說得好：「李老師作為『靠山』無疑，但期許人人獨立為山，這是李老師對學生、對所有問道中人，最鏗鏘的祝福。」確實如此，但在沒有獨立為山之前，我們還是珍惜這座屹立在前、仰之彌高的靠山吧。

四

老師要退休了，宜文記得，老師曾公開說，退休那天一定會哭。四十多年來，化雨春風，桃李天下，回首來時路，若無悲欣交集之感，豈是性情中人。但我想，老師更多的會是欣慰。經師人師，言教身教，他教會了我們很多人生功課，也改變了很多人長遠的一生。老師在淡江早年的學生林淑貞就說，老師是奮力勤勉、孜孜矻矻的經師，也是溫文儒雅、諄諄教誨的人師。雖然曾經有過的風雲際會，可能被物換星移的感慨取代，但老師在所有學生心中溫暖而巨大的身影不會遠去。桃李不言，下自成蹊，李門本無門，從此有了門。

感謝三十一篇文章的作者，真情實感，語重心長，透過這本書，我們得以浸潤在老師的溫柔敦厚裡，同時也向老師致上最高的敬意與謝忱。嘉雯為此書付出最多心力，催稿組稿，聯繫安排，溫柔語氣中不失師姊風範，謝謝她耐心地等我的序言。她要我寫信向大家催稿，我寫了，但我自己沒有交稿。也要感謝九歌出版社協助此書出版的所有朋友。

生命的聚合，確實像一條河流，我們從四面八方匯聚在老師這條壯闊的生命之河，在他的帶領下，又各自朝向更為寬廣的海洋奔湧而去。這是美好的相會，也是動人的福分。我想起范仲淹〈嚴先生祠堂記〉一文中的句子：「雲山蒼蒼，江水泱泱。先生之風，山高水長。」從華岡晨曦到淡江夕照，從南投烏溪到中壢雙連坡，青山不改，綠水長流，老師之風，將是一批批曾經受教學生們日後言談不盡的傳奇。

祝賀老師七十大壽，身體康健，師母家人，快樂平安。恭喜老師退休後可以從心所欲，坐看雲起，讀書寫字，微笑品茗。謹代表所有知道您的好，領受過您的好的門生故舊，同仁朋友，向您說聲：謝謝老師，謝謝師父。

作者簡介

張堂錡，一九六二年生，臺灣新竹人。以〈黃遵憲及其詩研究〉獲臺灣師大國文系碩士，〈白馬湖作家群研究〉獲東吳大學中文系博士學位，為李瑞騰老師指導的第一位碩博士生。曾任《中央日報》副刊編輯，現任政治大學中文系教授兼系主任，文學院「民國歷史文化與文學研究中心」主任。出版有散文集《當時明月在》、小說集《阿財與野薑花》，學術專著《白馬湖作家群論稿》、《民國作家的抒情意識與審美追求》、《邊緣的豐饒：澳門現代文學的歷史嬗變與審美建構》等二十餘種。

目錄

輯一

翻轉與推手

何聖芬

寄身師門已越四十年。

不敢曰「拜」，畢竟只受學短短一年，又無可彰顯之成績，但回顧我的人生，李瑞騰老師確是那隻關鍵推手。

日前，慧玲電我，為老師七十大壽慶生，學生們要為文出書並辦壽宴，邀我一同參與，她問我有無一些照片可供出版使用；八〇年代沒有手機，照片不多亦難保存，但我想起一物：「我有一張老師的親筆紙條。」是物證哪！上面寫著：「你是我最好的學生。」

任教生涯的第一班學生

一九八〇年，大考結束、選填志願時，我抱持「雪恥」的決心，緣於自己的英文程度太差，決定只填英文系，於是，以足以進入國立大學中文系的成績進入中國文化大學英文系，其實，這種任性作為害我差點落榜，感謝文化英文系沒有設定英文低標，更感恩，第一學年通識課的大一中文是李瑞騰老師任教。

那是瑞騰老師在文化兼任講師的第一年吧！我算是他任教的第一班學生。其時，他應該還在文化博士班階段。不記得當時自己有什麼特出的表現，頂多是個認真的學生。我是個從恆春高中畢業、負笈北上求學的女孩，在資源極缺的鄉野，高中時期的課外書僅讀過國文老師借我的《古文觀止》，以及在《國語日報》郵購的《未央歌》、《人子》及《卡拉馬助夫兄弟們》。「菜」英文者浸身英文系是焦慮與孤寂的，中文課便成解脫，許是如此，與瑞騰老師較有話說。大一結束，我參加臺大中文系轉學考試，文學概論分數九十有幾，訓詁卻低得可憐，自然沒有如願，記得當時與老師提及此事，他說，既然熱愛中文，應該早跟他說，轉到文化中文系也很好；醉翁之意不在酒啦！其實只是想離當時的男友、現在的伴侶更近一些而已。

我們曾經並肩作戰

人生命運，早有定數。遇到誰、發生什麼事，都在鋪墊未來。大四的春天，去找瑞騰老師聊天；當時自己正在準備二職等考試，在那個年代，當公務員是對生涯規畫普遍的期待，老師問我畢業後有什麼打算，我以茫然應之，他竟意外提出，要不要到《商工日報》副刊實習，於是，在畢業之前，我就進入春秋副刊，與瑞騰老師、詩人焦桐變成同事。如果不是那次談話，後來的我是不是成為恆春郵局郵務士，真的很難說。

一九八三年六月，瑞騰老師受嘉義《商工日報》熊昭社長之邀，在臺北接下副刊重擔，誠如老師的好友、時任德明商專校長陳光憲先生所建議，老師不能困在校園，社會，尤其是媒體，才是老師真正的戰場。何其有幸，我們曾經並肩作戰。

既是報紙副刊，就是一個與文學及社會相關的版面，瑞騰老師名之為「春秋」，並以最大的可能去經營它。儘管《商工日報》當時的處境是資源有限、發行不廣，又屬國民黨黨報，老師以積極行動翻轉副刊新局。

編輯臺上的近身觀察與學習

接手之際，舊稿幾乎無可用，他便廣發邀稿函、拚命打電話，也聯繫出版社，將現成稿子做成專題，硬是把地方報副刊打造為有抱負、有理想的文學副刊。這樣的企圖必須被看到，以爭取更多創作者的參與。他請報社每天提供五百份報紙，將副刊抽出來寄給文壇友人，迅速開展能見度；同時，每天一專欄邀名家寫稿，並主動出題集成企劃，讓一個地方小報副刊逐漸發揮媒體影響力。老師提過一件事，在接手副刊一個月後，當時的文工會主任周應龍先生發給副刊十萬元獎金，老師以這筆錢舉辦了「雲嘉南地區文學獎」，他期待：高懸一個「春秋」大夢，要把它打造成嘉南平原上的「文學燈塔」。

這個春秋大夢最熱血的實踐地便是「春秋小集」，每月第三週日出刊，內容不僅有詩作，也包括評論與史料。在當時，這種寄身副刊的詩刊仍屬唯一，觀之作者，則新進與老成皆有，但提攜新進更為用力。

一九八四年，瑞騰老師接編《文訊》，又把一個原本黨媒體質的文宣型雜誌，因跨越了黨派、地域和意識形態的鴻溝，成為國內外學界了解臺灣文學生態與趨勢的重要平臺。當時，我亦追隨老師負責了許多或大或小的主題。

回看戰場，瑞騰老師果然胸懷大格局，這種綜觀全局的命題性格來自於他的學術功力，而議題設定的本事則奠基於對社會、文化的深入觀察，在春秋副刊，「新世代散文展」、「菲華詩選」等不一而足；在雜誌《文訊》更是擘劃揮灑，「香港文學特輯」、「菲律賓華文文學特輯」、「報紙副刊特輯」、「大陸文學研討會」、「現代詩研討會」、「當代文學問題研討會」以及「古典文學現代化」座談等不勝枚舉，許多議題至今仍受關注。老師深解媒體力，善用編輯力，運用議題設定，主動出擊，無論規劃專題、約稿專家學者、舉辦研討會等相關活動，都是呼風喚雨的氣勢。

與瑞騰老師在副刊與雜誌上數年的近身觀察與學習，養成我後來在編輯臺上從不畏懼無米之炊，以及執行專題企畫的高度效率，有好多年，「聖芬是李瑞騰的學生」彷彿一塊閃亮的招牌。

實踐夢想的一小步

一九八五年，瑞騰老師負責主編爾雅版的《七十四年詩選》。老師曾經提出編纂《新詩年鑑》的觀念，便在這本詩選實踐，其中包括鍾麗慧的「詩壇大事記」、陳信元的詩集出版及評介、陳慧玲的「詩刊出版」，以及我負責的「新詩作品發表調查報告」，以此呈現該年度的新詩活動情況。我忍不住想再看一眼老師當時對我的描述：

「新詩作品發表調查報告」是前所有未有的學術工程，聖芬心細如髮、耐力驚人，統籌指揮，頗有大將之風，這是聖芬繼「新書月刊休刊調查報告」之後的大手筆，報告不一定非常成功，但是她創造了一個文學研究的規模，值得注意。

詩人侯吉諒也為文指出這項調查報告是研究、洞悉臺灣詩壇現況最直接有力的「考證結果」，儘管其中不免平頭平等的數據分析，他還是認為這樣的研究值得鼓勵。

真的非常感謝老師給我這個機會，那一年，投入整整四個月的時間閱讀及記錄當年詩作，資料範圍包括副刊十五

何聖芬於李瑞騰老師主編之《七十四年詩選》中負責執行「新詩作品發表調查報告」

種、文學刊物十三種、詩刊十九種、詩集四十四本及四個新詩創作比賽，總計作者一〇五五人、詩作四八六三首，依據作者人設標籤、詩作長度及題材、媒體分布，交叉分析創作狀態及其與媒體關係等，這種調查確定是前無古人，可能也無來者；在那個年代做這種統計工作太辛苦了，換諸此時，肯定容易執行且分析探討能夠深入許多。

非僅言教，更多身教

之後，自立副刊缺人，瑞騰老師推介我給主編向陽，然後一路，在報紙、雜誌、出版社如自立報系、PEOPLE雜誌、遠見雜誌、天下文化等媒體，我擔負編輯、記者、主編、總編輯等職務，也斜槓廣告文案、公關行銷等工作，甚至在美國時期在中文學校教中文，都是靠中國文字吃飯。

二〇〇一年，因伴侶工作關係舉家離臺，近廿年，東西漂移；因為離開，才知道家的方向，我的兩個孩子對臺灣備感認同，二〇一五年夏天，帶他們參觀臺灣文學館，兩人看得興趣盎然，告之館長大人是母親的大學老師及老闆，他們欽羨不已。

老師於我，非僅言教，更多身教，甚至定調我的婚姻關係。在那幾年與老師及其家人的親近相處中，我在老師身上深深感受到師母對他的全然支持，那也成為我的標竿，一如師母，全然支持我的伴侶。

有多久沒見到老師了？瑞騰老師總是身兼數職，卅幾年前，他大約是午後或更晚進入副刊辦公室；老師走路頗用力，皮鞋踩踏地板會擦出聲響，總是先聞聲再見人；他講話時，揮舉的右手表情特別多，彼情彼景依舊清晰。期待壽宴上的再次相會。

當年，那張老師發給我的好學生卡，終究還是沒有找到，我不確定自己是不是第一個拿到的，但可以肯定的是，瑞騰老師春風化雨四十餘載，桃李滿天下，好學生卡已經發放無數，實在不缺我這一張為證哩！

1984年與老師在商工日報辦公室合影

作者簡介

何聖芬，中國文化大學英文系畢業，瑞騰老師第一年任教大學之學生。

歷任商工日報副刊編輯、自立報系編輯及記者、PEOPLE雜誌主編、遠見雜誌主編、ROSE雜誌總編輯、天下文化事業群創意整合部經理、臺灣電通等廣告代理專案文案、美國北卡大學（UNC）媒體學院（Hussman School of Journalism and Media）訪問學者。

李老師教我的五大人生功課

陳慧玲

李瑞騰老師是文學界點燈型的人物，就文學許多面向和領域，做了諸多整理和開拓，同時作育文學界無數英才，而我是老師教學生涯中，少數教導的非中文系學生。

一九八三年，李老師剛從文化大學修畢博士班學分，來到德明商專專任，教國文，班數和堂數都不多，任教五年後就被聘至淡江大學中文系任教。非常幸運的，那短暫的交會，老師除了教我國文，也教我許多人生功課，改變了我長遠的一生。

老師教我的第一件人生功課：培養氣度和高度

雖然教的是國文，但老師不走溫文儒雅路線，熱情的教學態度總是搭配著爽朗的大笑聲，我們班同學常戲稱老師比較像保險業務員。

老師總是來去匆匆地趕課，但一星期中會有一天是上完我們班的課，要回家陪剛冒著生命危險生下時雍的師母吃午飯，老師有時會帶上老是糾纏著問不完問題的我和另一位同學，一起回家陪師母用餐。

一路上我們永遠有問不完的問題，從閱讀的書籍到社會國家大事無所不問，老師總不厭其煩為兩個僅十九歲，一知半解的學生解惑，那段時間老師談了很多很多，我印象最深刻的一句話是：「要透過閱讀培養自己的器度和高度」。

十九歲的孩子對於器度和高度究竟能聽懂多少？但不知為何這句話卻深深烙在我心中，當我面對演藝圈複雜的環境和瑣碎的工作，我常提醒自己，對人要有器度、看事情要有高度！也因此，在人與人關係特別緊張的演藝圈，老師的教誨助我良多。

老師教我的第二件人生功課：走入別人的生活找到動人的故事

一九八四年老師一邊教課一邊兼任《商工日報》副刊主編，當年我即將從商專畢業，準備中文系插班考試的同時，老師給我一個絕佳的訓練機會，要我為副刊撰寫一個專欄，名為「書齋生活」，主題是從作家書房出發，談作家的創作生活與理念，記得第一次採訪是老師親自帶著我前往，出發前老師叮嚀我先做好準備工作，並教我如何擬訂採訪方向和題目等。

這個工作持續約一年多，我走進蕭蕭先生、洛夫先生、林文義先生，以及鍾麗慧女士、陳幸蕙女士等諸多前輩知名作家們的書房，聽他們侃侃而談自己的創作生活，這些大人物們把最真實的創作情感對懵懂年少的我傾吐，他們動人的生命經驗也無形中在我心中扎了根！

此專欄進行一段時日後，接著轉換主題寫「紙上藝廊」專題，這期間同樣採訪了諸多知名藝術家，有戚維義先生、杜十三先生、許坤成先生等，從書法、繪畫到裝置藝術等，我遊歷玩賞一座又一座的藝術殿堂，最可貴的是創作者皆親自為我作賞析，那是一段令我流連忘返且快樂的美好時光，也奠定了我美學欣賞的基礎。

這階段的訓練對我往後的工作影響至深，曾有許多觀眾好奇，為何我拍的戲總是和別人不太一樣，所謂的比較有「深度」，且認為我開創了拍戲必須田野調查的先鋒，殊不知這個開創正是來自當年老師給的機會和訓練。

如果說我在工作上有什麼突破，對社會有什麼貢獻，無庸置疑是老師教得好！

1984年老師於德明商專參加謝師宴對即將畢業的學生們笑談間殷殷叮嚀

老師教我的第三件人生功課：無為而治

一九八四年底老師接任《文訊》總編輯一職，其實那時老師除了教職，還兼任《商工日報》副刊主編，並為爾雅出版社編輯年度詩選，不過，這些僅是就我所知的工作，也許老師手上還有許多我不知的計畫正在做呢！而我眼中的老師總是身兼數職，總是明明來去匆匆，卻總能在每個地方面對每一份工作，淡定且適切地提出具體建議和作出定奪，不慌不亂！

記得有一次在文訊，約莫下午六點鐘一過，老師從辦公室走出來，見所有人都還在，笑著說下班了啊～明顯地趕大家快下班！也許所有人早已習慣老師趕人下班的舉動，但對我而言，我內心著實震撼，從來沒見過長官趕下屬準時下班的，老師的管理哲學基本上就是「無為而治」，沒有脅迫，下屬反而長出了自我成長、自我管理的力量，這實在太奇妙！

這個無為而治的管理方式，在我成立公司變成老闆後，一直奉為管理圭臬，許多傳播圈的同業，對於我公司的產能和效能感到非常地驚訝，我想，如果他們知道我的管理方式也是「無為而治」，應該會感到更驚訝，甚至無法置信吧！這一點，是打從未踏入社會工作就跟著老師學習的我，從老師身上學到最棒最實用的工作管理功課！

老師教我的第四件人生功課：敏銳性

拍戲三十多年，每隔一段時間，我總習慣性地向老師報告最近在拍什麼戲、說什麼故事、哪個年代、戲的核心價值是什麼……等等，記得一九九九年我為大愛臺拍攝月珠阿嬤與她養的豬「阿貴」的故事，阿嬤的夫婿蔡德音先生是日據時代的作家和音樂工作者，我當時拿了月珠阿嬤後人提供的資料向老師請益，資料包含已發表的文章、歌詞樂譜，也有一些手稿和往來書信及私人收藏，老師從諸多資料中，發現一封蔡德音先生側寫黃春明先生的手稿，立即敏銳地判斷是極珍貴的史料，並為我解說當時的社會氛圍，以及德音先生多樣性創作背後的意涵……等等，對我當時形塑那個時代的人物，起了很大的幫助。後來老師借調臺灣文學館館長，經蔡德音先生後人同意，我將當年所蒐集的所有資料全數捐給臺文館收藏。

原本是一個講述阿嬤與豢養的豬之間情誼的故事，因為老師的敏銳性提點了我，進而使人物角色更加鮮明立體，也讓整個故事有了意想不到的開闊視野，敏銳性這個功課，是老師教給我最受用無窮的職場武功祕笈！

老師教我的第五件人生功課：開創性

十九歲受教於老師，至今已近四十年，時間似乎很長，但每隔一段時日見到老師，他永遠在規劃執行一些有趣新鮮的工作，甚至常常是沒有人做過、想過的事！如今老師橫跨古典文學、現代文學和世界華文文學三個領域，在每個領域都開創了臺灣文學傳播和研究的新高度，老師的開創力和執行力有目共睹，成績斐然！

老師四十年如一日，默默地為文學界努力貢獻著，每一次，當我規劃一部新戲時，我思考的第一個面向，就是此劇是否具有開創性獨特性？我想這就是老師四十年來的身教言教，深深地影響著我！

從小我就是一個非常害羞寡言被動的孩子，記得有一次，老師在一個由他邀請嘉賓演講的場合，示意我主動舉手問問題，為了舉起我的手，我緊張到胃痙攣，四十年後的我，已經可以克服害羞在公開場合演講，這一路走來，是老師的栽培和教導，使我脫胎換骨，有了完全不一樣的人生，非常非常地感謝老師，老師教我的人生功課，豈是上述五點而已，他是影響我一生最重要的人，絕非一篇短文能盡述。

此刻，除了滿滿的感恩要表達，我更希望老師除了愛做學問、愛別人、愛萬物……，也要好好好地愛自己，照顧好自己的身體，永遠平安健康！

作者簡介

陳慧玲，金鐘製作、金馬編劇。

進入影視製作產業三十多年，擅長製作優質戲劇節目，屢屢榮獲金鐘獎肯定！有「影后推手」之美名，締造十一位金鐘影后影帝，入圍的獎項則高達七十多項。除了製作外，個人也從事編劇工作，曾入圍金馬獎最佳編劇獎。

製作多部膾炙人口的作品，如《雨後驕陽》、《草山春暉》、《最佳利益》等戲，二〇二〇年製作的《我的婆婆怎麼那麼可愛》佳評如潮，打破公視開臺二十二年來最高收視，創下年度戲劇節目收視第一，並延伸至電影版。

除了影視製作，也參與學術演講，分享製作經驗並與產業交流，且在二〇一五年受文化部邀請擔任第五十屆電視金鐘獎戲劇節目評審暨召集人；二〇一七年再次受邀擔任第五十二屆電視金鐘獎迷你劇集、電視電影組評審；二〇二二年擔任第五十七屆電視金鐘獎評審總召集人。

「愛」的起點

黃憲作

我與老師結緣甚早，老師還是博士生時期在文化大學兼課，開了一門「新文藝」的課，對傳統中文系的學生來說，不啻是雪地裡開出一朵花那樣珍貴。

記得那時我每天拿著筆記本亂塗鴉裝文青，對創作充滿狂熱。愛詩，也想嘗試寫詩，卻不知道怎麼寫（現代）詩，也不懂怎樣才算是好詩。

系上的課就是傳統中文系的經史子集、文字、聲韻、訓詁、版本之類的，不是說這些課不重要（以後在做研究時就恨當時上課怎麼沒有專心一點），而是對於喜歡創作的年輕人而言，中文系的文學課實在太少，現代文學更是稀有。

這門課很有趣，因為老師上課不像系上老師那樣正經八百，只上正課少談課外。老師上起課來情緒非常激昂，聲調非常有變化，有時談及個人經歷，如高中時期的頓挫、與小學妹（就是後來的師母）戀愛的甜蜜過程，有時談及他與文壇名人的大小事，聽得我瞠目結舌，因為教授們上課很少這樣出賣自己的，滿足了我們想聽八卦的慾望，而他分析起文本又實在令人拍案叫絕。

老師這樣親民的作風，讓人沒有距離感。有一天，我大著膽子，在老師上課前攔截他，把我寫的詩給他看，他問我有沒有看過渡也的〈手套與愛〉，我說：「沒有！」保證沒有抄襲。當時我寫詩只知道跟著感覺走，不知道寫詩與多讀書/詩有關。這首〈愛〉讓老師大為讚賞，解釋詩的寫作手法跟渡也很像，都是從字的拆解來創造詩的意象，只是渡也是以英文字「LOVE」而我是從中文的「愛」字……。原來詩可以這樣寫！有如醍醐灌頂，此後我每天不斷有新詩句冒出，開了竅似的。更讓我意外的是，隔週上課他發下講義，我一看，這不就是我上禮拜寫的詩嗎，老師竟然拿來當教材，還要我自己朗讀一遍，他接著分析這首詩。驚喜還沒結束，暑假收到一張匯票，是《幼獅文藝》寄給我的，這成為我的第一筆稿費，雖然只是區區一百元，而且還因為把我的名字打錯了，所以提不出錢來的一筆稿費。原來老師在《幼獅文藝》有個專欄，專門介紹年輕作家，他把這首詩拿去發表，並撰寫專文〈「愛」的評析〉（一九八七年七月）推薦，說我是有條件成為詩人的。一個初入門的愛詩/寫詩者，經過老師一連串的啟蒙與提攜，對寫詩產生極大的興趣。於是每週在老師下課後我總是緊緊黏著他，像塊橡皮糖。我把新寫的詩給他看，希望他給我一點指點。不過老師實在太忙了，我只能在他走到停車地點的路上跟他聊幾句。後來雖然沒有他的課，我查到他的課表，下課時到他上課的班級門口堵他。我是當了老師之後，才清楚自己當時的年少無知，而老師又是多麼的「不厭其煩」。

大學畢業，我繼續讀研究所，因為老師的啟蒙，我研究新詩也找老師指導。研究所畢業，到東部花蓮擔任教職，出版了新詩集《野薑花的祕密》，老師不但在主編的《文訊》給我一個版面，也提供許多詩壇大老的地址，讓我把詩集寄給他們。又有一次去文訊雜誌社看老師，老師要我幫忙送一封信給九歌出版社的蔡老闆，我送完信就回來，老師問我有沒有跟蔡老闆聊什麼，我說沒有，老師不可置信地頻搖頭，說我平白當了一回郵差。

我知道，老師希望我被「看見」。我也知道，課堂上的詩作〈愛〉是起點。老師的關照，提攜之意，我一直默默記在心裡。

作者簡介

黃憲作，高雄岡山人，移居花蓮二十七年，退休後重返故鄉照顧父母。中國文化大學學士、碩士，東華大學博士。青年時期喜愛寫詩卻不得其門而入，很幸運遇到李瑞騰老師的啟蒙，從此詩藝大進，獲大專青年新詩創作獎佳作（一九八八）、高雄縣文藝作家作品集入選（一九九四）、第三屆「南投文學獎」新詩評審獎（二〇〇一）等獎項鼓勵。出版著作詩集《野薑花的祕密》（高雄縣立文化中心，一九九四）；自然散文《鯉魚潭自然誌》（花蓮縣文化局，二〇一三），學術著作《在地與流離：駱香林花蓮之居與游》（花蓮縣文化局，二〇〇九）、《駱香林：儒家型知識分子研究》（花木蘭文化，二〇一九）、《駱香林集》（臺灣文學館，二〇一三）。

生命的遇合像一條河流

林淑貞

一、生命的聚合

生命的聚合，宛如一條河流，源遠流長。老師就像一條生命之河，匯聚了各種支流，往下開發出更磅礴壯盛的渠道，引領我們奔向天寬地闊的大海。

在人生的航道中，能夠與您知遇在學術殿堂中，是最歡欣的人世情緣。我們喜歡環繞著您，因為您就像燈塔，指引迷津；也似指南針，為我們在學術中引航；又如船舵，在您的掌舵下，永不迷失。這就是我們喜歡群繞在您身旁，領會您的淵深學養與妙語如珠。

知遇您，在淡水的夕彩紫曛，成為最美麗的前塵往事。知遇您，在淡江的學習生涯中，彷彿一盞明亮燈火，導引前進方向。慘綠年少中，閱讀您的著作，是一樁欣悅的享受，隨著春花秋月起伏在江流舟上，讓每一回的曉風殘月，伴著清麗的歲月，苒苒浮游在流光中迴轉。而您的啟發，遂讓每一則思維與知識更明媚清亮。明明白白的，映照著追求理想似遠若近，映照著知識資糧的供給無匱，映照著學術活動的擘劃與籌策，映照著文學書寫的點點滴滴。光陰如風，如浪；年華似雨，似絲，逐漸遠逝，逐漸地落盡，而我們是一群求知若渴的孩子，向您吸吮著淵博飽學的知識，那是無悔無尤的人生春天所陶鑄的心情，在遠揚的當年。

歲月流轉，青春不再，當年聽講的心情仍浮晃在心臆，渡越浪潮，仍然鼓鼓然飛翔，當年逐夢的學子，已長，已老，而專注聽課的激悸仍在。是的，流逝的光陰千年不回，而桃李遍開的季節卻年年嫣紅亮麗。點燃在心中的燈火，一如當年，仍在心版上鏤刻最美的印記。

二、回望流光的燦豔

遙憶當年，是青澀的歲月。您活力十足，在課堂上講起話來氣勢磅礴，我們很享受如源泉活水般的知識灌溉，孺慕著仰之彌高、鑽之彌堅的生命氣性，吸引了懵懵懂懂，初初想向學術殿堂闖關的我們。原本被龔鵬程老師博雜的學問吸引，請龔師擔任碩論指導老師，後來，上了您的課程，更喜歡您講課時的熱情，以及思維奔放如潮湧動，遂臨時更換指導老師，因為我深深知道氣性相似才能充分被理解與溝通。這樣，才能在撰寫碩論時，有更好的交流互動，才不會有畏難、畏懼之感而逃避。

早年，老師擔任《文訊》總編時，曾經到文訊找老師，老師隨手拿出一本筆名是牧子的詩集，是老師的詩作。讓我閱讀到不一樣的老師，感性，不擇地皆可噴發而出的才情。寫詩，對很多人而言，是一種寂寞的療癒，是生命的書寫，也是生命的感發。老師，永遠保持寫詩的心情來面對周遭的變化而能感性、隨性、順性，而且一顆熱力十足的心靈是永保年輕的源泉，充滿朝氣，讓我們因為有詩可讀，而能浮出塵世，而能暫離困蹇的紅塵。

還有一回到文訊找您，隨手又是一本《老殘遊記》的升等論文送我，捧著剛出爐的書，心中有種感動，是的，老師就是這麼大方，不吝嗇分享任何研究或創作的成果，讓日後的我，也學會以此心與學子們交流溝通。鉛印的書是需求讀者的，供在書架上未若被閱讀，才能創造效益。這樣的能量需要被傳承下去。

從來，自覺是資質駑鈍之人，對自己沒有信心，對學術論述也不敢期望有所

和瑞騰師在中央大學文學院合照

破立。雖然，大學時代已不斷地書寫與論述，寫唐傳奇的〈杜子春〉，寫《紅樓夢》的人物分析，也被刊登在《淡江時報》上，但是，對於真正的學術仍然有種跨不過的鴻溝必須更努力才能邁越，是您給予信心，手把著手，牽引著一步一腳印地前進。

永遠都記得老師初創《臺灣文學觀察雜誌》時，在課堂上引領大家熱烈參與討論各種議題，包括五〇年代臺灣文學現象、重要作家、各種雜誌編輯等。課後，老師也將大家撰寫的小論文刊印在雜誌中，望著被印成鉛字的文章時，深深體會，只要努力必定有所回饋，也因此才能勇敢跨出學習的腳步。憑藉著這股牽引的力量，在碩班時積極參與國際研討會，積極書寫與論述，期待能有一點點的收穫回饋老師的教導。

印烙心海的記憶歷歷如繪。那時，老師風華正盛，同屆有四位同學請您擔任指導老師。在撰寫碩士論文過程中，時任教南山高中的我，擔任升學班導師，每日早出晚歸，精疲力倦之餘，仍要鼓起氣力往前追趕進度，每一回和老師商談論文，或在文訊，或在老師家中，鼓勵如何論述，如何引經據典，啟迪蒙昧，讓我得以全職工作而能順利撰寫論文完成學位，感謝您的引領，也因此而能漸次開啟做學問的方向與格局。

個人因為性情所鍾在文學，鯨吞蠶食，不分古今，戒慎恐懼，如臨深淵，如履薄冰，是您為踉蹌學步於學術殿堂的我掌舵，讓我能更勇敢前航，不畏風濤雨浪，逐漸向老師靠攏，學會言說與論述。

後來，榮幸參與《南投文學史》的團隊書寫，讓我們有機會更親近老師，草屯故居，看見家族親人的淳樸與老師草根性原來源生於此。

參與一〇八課綱的研修撰寫，看到老師統合眾說的能力，在六十餘人的龐大團隊中，學會互相支援，也互相表述，讓新課綱得以應和時代需求而完成。

每回和老師見面，總能侃侃而談目前正在擘劃什麼活動？什麼書寫？包括擔任文學院長、臺灣文學館長、圖書館長時，不同階段的老師，總有不同的靈思巧構帶領工作團隊迎向更有挑戰更美好的未來。看見老師像一條奔放的河流，不斷地往前奔進，成為我們學習典範，也帶領我們朝向奉獻自我、朝向有光的方向前進。

三、攀爬意興遄飛的高峰

老師在學術、行政、編務不斷地大放異彩，我們是牙牙學語的初生之犢，向著學術殿堂匍匐前進，驚嘆於百官之富與宮室之宏麗，而我們僅能亦步亦趨地走出自己的方圓矩步。以老師為圓心，畫出學術的同心圓，無論是晚清，是現代；是古典，是當代；是小說，是詩歌；是編輯，是文本；老師咸能駕輕就熟地指導，我們以師為舵，終要航向學海涯岸。以師為燈塔，不會迷航在浩瀚大海。

多年來，老師的生日餐敘，是每年盛事。我們享受老師闔家參與的溫馨和喜樂，也享受同門齊聚一堂的歡樂。獻花、寫賀卡、致詞、拍照、互道別來近況，每一個畫面成為生命的定格，留住不同階段的青春，也嵌印記憶。

多年來，無論是生日聚會，或是邀請蒞校演講，或是系所評鑑，或是擔任評審委員；只要老師有空，一定熱情參與。這份深情令人感動莫名。

曾經邀請老師到中興大學演講，講題是：「文學給我力量，翻轉我的人生」。大學國文的演講設在惠蓀堂，面對七百多人，老師講述文學因緣，讓聽眾備受感動，有幾位學生深受感動與啟發，會後還跑上講臺和老師請益。老師的熱情與魅力，真是銳不可擋，讓年輕學生們感受文學之美，同時也吸收老師許多的人生經驗。

在青春的歲月裡知遇您，是最美麗的存有。永遠記得您講課時的神情，意興遄飛，唇齒間流露的知識美感與生命意識，深刻地印烙在年少愚騃的求學階段裡。歲月流轉，而今，仍然看到您生氣蓬勃，意氣昂然地參與學術活動，歲月似乎是為您留駐在高峰——是我們難以攀爬的高度。

受學於老師，是我們的榮幸。在遙遠的歲月裡，因為有您的指引，我們才能渡越重重畾畾的困難與迷惑，攀爬學術殿堂；也因為有您像燈塔一樣，讓津渡迷航的我們，能夠更堅強、更有毅力地向前奮進。

您溫文儒雅的氣度，給我們一種「即之也溫」的春風般享受。在遇困受挫時，總會想起您的勗勉與鼓勵，讓我們萌生勇氣，繼續前航在學海中，百折不撓。感謝您，在學術的路程中，教導與提攜，一直是最感動而無以名之，也是內心最想說的話語。

感謝您以無私的精神為文學界、為學術界奉獻；感謝您以青春歲月為莘莘學子付出灌溉，讓我們能夠像樹苗一樣，從萌芽、成長到茁壯，因為這一場美好的因緣讓我們成就師生情緣，而且也體認到您孜孜矻矻的認真做事態度。

在學界裡，您穩健耕耘，努力編寫刊物，策劃各種活動，淵深博雅的學養，讓您能夠從容不迫地回應各種行政、教學、研究、服務等繁忙庶務，不求回饋，卻對學術界、文學界助益甚多，成就做學問的根柢。

經師，感受老師的奮力勤勉，感受老師的孜孜矻矻。

人師，感受老師的溫文儒雅，感受老師的敦敦教誨。

四、生命如花嫣麗燦開

生命如花，開綻奇彩繽紛的花顏，珍惜這一場美麗的遇合，成就師生情緣，在學術園圃裡開枝散葉。

生命如流，因著緣分，讓大大小小的支流匯聚成一條壯觀的大河，共同流向大海。是涓滴之水，是點水之泉，因為匯流而有了更壯闊的河岸可以開拓；如是因緣，我們得以享受在浪潮翻滾下的自在隨意。

在這個美好的時節裡，讓我們一同浸潤在老師的溫柔敦厚裡，一同向老師致上最高的敬意與謝忱。

作者簡介

林淑貞，臺灣師範大學博士，現任中興大學特聘教授。曾任中國唐代學會理事長、中興人社中心研究員、日本山口大學客座教授、中文系主任、十二年國教國語文課綱副召集人、教科書審查委員、《理想的讀本》編撰委員等。碩論從學李瑞騰老師撰寫：〈詩話別響與新調：晚清林昌彝詩論抉微〉。研究以文學、美學為津筏，專長領域為中國詩學、寓言、敘事文學、現代文學、國文教材教法等，撰有《中國詠物詩「託物言志」析論》、《寓莊於諧：明清笑話型寓言論詮》、《表意示意與釋義：中國寓言詩析論》、《對蹠與融攝：唐人生命情調與審美風尚》、《圖像敘事與多元文本》、《詩話美典的傳釋》等書。

感念師恩

——從碩論指導到課綱研修

翁聖峰

多謝瑞騰老師多年的指導佮關照。除了碩士論文〈清代臺灣竹枝詞之研究〉的指導之外，十二年國教一〇八年國語文課綱研修前後歷經三年，是件非常難忘的回憶。

下頁照片拍於二〇一五年十二月二十七日，這是國語文課綱研修暫告一段落的合影，十二年國民基本教育課程綱要——國民中小學暨普通型高級中等學校：語文領域—國語文，在老師的推薦之下擔任研修委員兼副召集人及國小組召集人，歷經內部多次的研修與討論，通過教育部課審會的審查，費盡心力之後課綱終於面世，這真是一件難忘的往事啊！猶記得當初接到老師徵詢研修課綱的意願時，那學期正休假進修，人正好在法國南部，當日下午將進入西班牙，因為已有參與九年一貫國語文課綱微調二年修訂的舊經驗，我知道那將是一樁繁忙、費心而有意義的學術服務，所以毅然接受了徵詢，加入了約三年的課綱研修。

二〇一八年五月二十五日、二十六日逢甲大學舉辦「第三屆建構/反思國文教學學術研討會——文白之爭」，發表了〈十二年國教國語文課綱文白之爭的脈絡與文化析論〉學術論文以回應課綱修訂的相關議題，這篇論文同時收錄到二〇一九年逢甲大學國語文教學中心編，《文白之爭——語文、教育國族的百年戰場》（一三四—一六〇頁，五南圖書公司出版）。論文的摘要特別寫到：「十二年國教國語文課綱在二〇一八年一月二十五日正式公告，從研修到公告歷經三年多，這是十二年國教所公告的第一個課綱，二〇一七年教育部課審會審查時備受各界關注，特別是文言與白話所占的比率更成為各界關注的焦點。雖然各界都呼籲臺文、中文、華文應和諧相處，共同提升我國的語文教育，不過，支持與反對降低文言文比率的團體與媒體為數眾多，形成強烈的對峙，甚至多次成為平面媒體的頭版頭條或社論的焦點。這些背後支持與反對的論爭有何脈絡發展？其背

老師位於前排左起第5位，張堂錡學長左起第4位，林淑貞左起第6位，翁聖峰左起第7位

後潛在的因素又有哪些？有哪些是價值觀的差異？哪些源自語文教育？哪些是因文學觀念？哪些屬個人生命情境？哪些又是媒體效應的差異？這些複雜多元的文化因素，值得我們追蹤與分析，以做為未來修訂國語文課程綱要的參考。文言與白話比率僅佔課綱內容的一小部分，各界為何多焦聚於此議題？至於教育尚有其他重要議題值得關切，為何較少被著墨的可能因素是什麼？這些都值得探究。期使減少對立，增加共識，以提昇我國語文教育的內涵，並做為未來我國課程綱要修訂的參考。」

因為瑞騰老師的引介，讓我有機會參與了十二年國教課綱的製定，為我國的語文教育奉獻了一臂之力。二〇一八年在老師的推薦之下擔任計畫共同主持人，為國家教育研究院完成十二年國民基本教育課程綱要《國語文課程手冊》（https://cirn.moe.edu.tw/WebContent/index.aspx?sid=11&mid=7306）。《國語文課程手冊》研修特色有（一）規劃三大學習內容（文字篇章類、文本表述類、文化內涵類）；（二）培養自學能力；（三）規劃跨領域課程；（四）結合本土素材。

在「結合本土素材」我有較多的著墨：「課綱中強調各學習階段之古典作品應含本土素材，另第四及第五學習階段的白話文選以臺灣新文學作家（指日治時期中葉，臺灣新文學運動發生迄今，以白話文從事文學寫作的作家，含原住民族）之作品為主，兼及世界華文文學、翻譯作品、文學論述等，若遇與原住民族之相關作品時，應依據原住民族教育法第二條及第二十條立法精神為之。」在我國語文教育的改革上盡了一分心力，備感榮幸，同時感謝老師的推薦與關照。

淡江大學中國文學研究所碩士論文為〈清代臺灣竹枝詞之研究〉，撰寫過程遇到過文獻不全的困擾，很感謝老師的持續關心與鼓勵，所以一九九三年一月才得以順利通過學位論文口試，一九九六年由文津出版社出版專書，老師還請當時任職《中央日報》副刊的張堂錡學長，邀請施懿琳教授為《清代臺灣竹枝詞之研究》撰寫書評，以增加學界對這議題的了解。時至今日國內關於竹枝詞，《清代臺灣竹枝詞之研究》仍然是重要而未完全被取代的著作，這點仍要感謝老師當年的辛勤指導。

老師的指導與關照讓我不敢忘懷，所以每年老師生日的聚餐都儘量撥空參加，以下這張照片是早年老師生日餐敘的合影，在生命歷程當中留下寶貴的印記。

1996年老師生日合照

作者簡介

翁聖峰，國立臺北教育大學臺灣文化研究所專任教授兼圖書館館長、語文與創作學系兼任教授、行政院公共工程委員會學者專家評選委員。輔仁大學中文研究所博士，淡江大學中文研究所碩士。學術專長：臺灣古典文學、臺灣現當代文學、臺灣文學史料、臺灣學術思想、漢語教學研究。有學術專書《日據時期臺灣新舊文學論爭新探》、《清代臺灣竹枝詞之研究》。曾任臺北教育大學師資培育暨就業輔導中心主任、臺灣文化研究所所長、教育部本國語文教育推動會委員、十二年國民基本教育國語文領域課程綱要研修小組副召集人、教育部國語推行委員會委員、臺灣文學學會理事等。

往牧子的星空靠近

傅怡禎

吹翻一瓶家鄉的酒

負笈北漂，當然想家；想家的時候，只好望著山。

屏東住老了，日常生活少不了大武山，只要一抬頭，隨處都是大武山的麗影。將記憶撥回與青春對賭的大學年代，假期南下返家往往搭乘臺汽中興號夜車，搖搖晃晃一整個黑暗，下車後的第一印象，總是大武山將清晨的日頭扛在肩膀上，熱情的陽光在昏沉的毛細孔下，串流成清新無比的暖意，有人說這就是鄉愁。假期結束坐車漂向文化大學，抵達山仔后多是夜間時分，走在美軍眷區仰視七星山、大屯山、紗帽山林立如夢的黑屏風，彷彿又走回大武山溫暖的懷抱。

信步華岡與為賦新詞，大概是年少輕狂最奢侈的浪漫，尤其被一堆碩士班報告糾纏到無力進行人生抗辯時，只想從步履的律動丈量被偷走的悠閒光陰，或者用創作證明青春的重量真的是那麼蒼白！升上研二，仁棉學姊告知《華夏導報》刊出誠徵志工學生幫忙退休教授的訊息，這才知道書法老師史公術後需要弟子服其勞（中文系學生都尊稱史紫忱教授為史公）。當我踏進史公擺滿學問擠滿熱情的宿舍「獨廬」時，就像回到大武山的懷抱，既溫暖又滿足。這三年幫忙期間，前後和國揚、仁棉、世榮等十多位各系所學長、姊、弟一起輪班，名義上我們是服侍史公，陪伴史公聊天、如廁、寫專欄、寫書法，事實上我們都好喜歡品嚐史媽媽烹調的美味佳餚，有一種家的味道。史媽媽除了下山授課之外，其他時間她會讓「獨廬」變成圍爐，經常賓朋滿座、師生歡聚，第一次遇見瑞騰恩師就是在這種場合。

那陣子老師尚未轉換跑道到國立中央大學任教，文化大學也還有兼授當代文學的課程，每個禮拜必須風塵僕僕上華岡一次。老師通常先到「獨廬」探望史公和史媽媽，陪他們聊聊天、吃午餐，再到教室上課。很難想像身兼數職、時時奔波的老師，不管任何時間、任何場合、任何活動，只要吐辭，就是鏗鏘悅耳又富感染力，議題判斷之精準、文字思辨之清晰、言語剖析之犀利，彷彿一座永不停歇的發電廠，源源輸出意想不到的文化能量。史公每次看到老師到來，聊完天後，總是高興地要我吃完飯跟著老師上課去；史媽媽更是笑開懷，早早將簡便的午餐料理成豐盛的大餐，讓大家吃個痛快。

幾個月後，史公遞給我一本詩集，是老師剛出爐的大作《牧子詩抄》。我才翻閱第一首組詩〈我的四義．思鄉〉，「吹翻一瓶／家鄉的／酒」便沿著紙張滲透過來，釀得滿地都是思鄉的味道。老師的文字若沒有下酒，遊子的鄉愁便微不足道；老師的初戀若不是詩，踏遍千山萬水也找不到更深情的文學靈魂。

猛抓住藍藍天空五千顆星星

透過史公與史媽媽的緣分，我跟了老師一學期的當代文學課，也認真理解治學方法與理論。

大學時代沒趕得及上老師的課，文學理論與批評只能暗自囫圇吞棗；進入研究所之後，課程以古典文學為主體，最喜愛的現、當代文學研究始終像麵粉袋裡久放的麵粉，做不了什麼又捨不得丟掉！當老師啟開現、當代文學課堂之門，我內心不斷掙扎，到底是要進去聽一下下？還是端正坐著慢慢聽？這場拓展視野與現實路線、當代文學與古代經典的拉扯，猶如「生活與偉大作品之間，總存在著某種古老的敵意」一樣，讓我迷路好一陣子。

與老師在「獨廬」接觸久了，課堂期望的壓力逐漸消失，取而代之的是笑聲與關懷。多次聆聽老師暢談文學，有如觀賞史公飽墨彩筆的飛白書法，十足精采。老師從魏晉南北朝詩學講到清末文學思想、從抗戰文學講到文壇掌故，古今兼治，引人入勝，彷彿走進老師的詩句，看他「孤峰絕頂/我猛抓住藍藍天空五千顆星星」的巨大身影，漸漸化成「曾經以一度的逍遙/化作清風拂袖」的澈悟。前些時日為了撰寫論文，重新找出老師三十一年前送我的《中華現代文學大系（一）評論卷》兩冊，觸撫書扉，猶能感受照亮我的暖意。

那一年的初夏午後，史公要我推著輪椅讓他到書房揮毫。我磨墨當下，史公琢磨已定，筆畫如花寫下「瑞風日當中　騰雲月未央」嵌名對。史公問我：「怡禎呀，這什麼意思？」我看了一會兒，還搞不清「瑞」、「騰」與「風」、「雲」之間的關係，史媽媽湊過來一瞧，笑了：「阿騰到中央大學了嘛！」史公和史媽媽膝下無子，所有的華岡學生都是他們的孩子，只要不介意，隨時歡迎到「獨廬」歇一歇。就算將乾兒子世榮、乾女兒邵姊、康康姊算在內，史公和史媽媽還是非常非常疼老師。史媽媽每每做完家事，坐在庭院的窗邊抽菸休息，不經意就聊到老師的當年，那可是非常精采的好幾頁：第一頁是「想當年阿騰讀大學時瘦巴巴的……，就叫他常到這裡吃飯……，他很想南投，很想家……」、另一頁是「上了研究所的阿騰，很喜歡一個想轉考中文系的學妹……」、再一頁是「我和史伯伯就設法邀學妹到這裡，讓阿騰幫她補習轉學考……」、又一頁是「反正就把這裡當成家就對了……」。我終於懂了：

越過多感傷的庭院
駐足在妳淺淺的酒窩
當歌聲琴聲突然逝去

1983年2月7日史公生日
左起：李瑞騰老師、史公、張開乾
（林世榮提供）

妳從座椅上
昇起，化作一支多彩火焰
照明我憂鬱的
宇宙

——李瑞騰〈憂鬱二章〉

老師沒說的，詩都幫他說了！情人真的離詩人最近。

那展開的兩翼是海空唯一的色調

華岡的雨很纏人，華岡的情更會纏人。

離開華岡如此之久，依然常想起華岡的人、事、物，就如宮崎駿所說的：「所有的開始，其實都只是一個寫好了的結局。」老師年年幫史公及史媽媽慶生，也常和師母抽空專程上陽明山探望史公及史媽媽。有時候一群人說說笑笑，人間至情也差不多是如此和樂融融；有時候我牽著小小時雍，沿著華岡路繞到美軍眷區或情人堡，撿拾落葉或逗弄含羞草，那段時間彷彿靜止，只有我們盡情玩耍。

一九九三年史公過世，老師備極哀戚，讓人不忍；二〇〇一年史媽媽過世，老師聲淚俱下地傾訴追思，更令人動容。有群人陪著一起笑、一起哭、一起關懷，也就不枉這一生了。或許，我之所以會走上教職一途，早在看到《華夏導報》徵志工訊息那一刻就已啟動，加上遇見形同父子的史公及老師諄諄善誘，越發確認甘苦參半的教職路是這輩子最不願錯過的一條路。正如老師的詩句一樣「兀鷹盤空而去／那展開的兩翼／是海空唯一的色調」，既然被視為飛翔的禽鳥，就得振翅高飛吧！

以前的我無詩可寫，也不會寫詩。以牧子為筆名的老師，曾謙遜地說過：「發現自己沒有寫詩的才華。」可我覺得，老師的詩比我任何的文字都還要好！所以，我開始效法「不是詩人的詩人」寫詩，《牧子詩抄》著實給了我追尋成為詩人的可能性。很期望七十榮退後的老師，能再次用他的詩浪漫一整個不安定的時代；而我，正開始一點一點往牧子的星空靠近。

作者簡介

傅怡禎，男，一九六七年生於屏東，中國文化大學中文博士，碩士論文及博士論文皆由李老師指導，目前任職國立臺東專科學校。近來點檢一下學術生涯，看見自己原來還在等待遺落的自己，彷彿未曾前進，實在愧對恩師。曾獲年度最佳少年兒童讀物獎、大武山文學獎、打狗文學獎、林榮三文學獎、宗教文學獎、臺北文學獎等獎項，出版《幽然想起》、《大武山下的美麗韻腳》、《理論、現象與批評論考》，合編《屏東文學青少年讀本——新詩卷》等書。

挖深織廣的深情

林積萍

我在一九九二年進入淡江大學中研所，是第五屆。一九九三年研一下修讀李師瑞騰開設的「近代文學史研究」課程，得以拜在老師門下。三十年來，老師予我的成長淬鍊與提攜，廣含文學學術訓練、傳媒工作體會、行政經驗傳承以及生活經營的種種面向。我的人生，幸得老師一路引領。

在淡江中研所修課時，老師剛由淡江轉往中央專任。印象最深的是老師上課時拉著的行李箱，箱中滿滿裝著各種新蒐羅到的文學史料，包括許多來之不易的海外出版品，許多論及兩岸現當代文學史的書籍，讓我大開眼界，完全滿足了我對新文學探究的好奇心。光是在淡江的課程不能滿足，還約了同窗的鄒桂苑，到中央再去旁聽老師的課。在一次中央的課堂上，老師提及《現代文學》雜誌很值得研究，突然勾動我大學時期，因受白先勇的啟迪自告奮勇編過班刊的過往。於是決定碩論以「《現代文學》研究——文學雜誌的向量新探索」為題。《現代文學》於一九六〇年由白先勇籌創，在六〇年代形成一個與臺灣現實社會相呼應的文學景緻，為臺灣的文學歷史留下不可磨滅的痕跡，論文由「文學雜誌研究」的角度出發進行研究，觀察其自創始、發展、持續、到停刊的每一個環節，企圖呈現整套雜誌完整的生命歷程。在老師的悉心指導下，我於一九九六年一月完成碩士學位，老師對我論文的指導非常仔細，要我留意文句連接的技巧，並且從第一個字開始，修正到最後一個字，至今我還留著老師批改的珍貴手稿。

我讀中學時，父親突然迷上了高陽，每天和胡雪巖為伍。我則是瓊瑤、三毛、倪匡齊來，日日挑燈夜讀，放長假時，家中又出現了一大堆古典小說名著，版本不是很好，印刷草率，加深不少近視度數，但《西遊》、《三國》、《水滸》硬是自動看完，心念所繫的《紅樓夢》，可能是太過久仰，不忍草率讀之，一直到大學聯考完畢當日，立刻捧起細細品味，完全忘了關心前途，直吵著父親去買螃蟹，和劉姥姥一同解饞。進中文系全非刻意，記得當時連中興中文系在臺中都沒弄清楚，升大二時眼看著同學全轉到臺北法商，我還為能名正言順地讀小說得意不已。進了中文系課外成了課內，終走向了以文學為專業的不歸路。因為家父自詡為軍中文藝青年，胡適的崇拜者，自小林良主持的《國語日報》我每日必讀。大學期間早早參加了新聞社、文藝社等社團。後來雖考上了三個碩士班，但毫不猶豫地就選擇淡江就讀，想是當時內心早已傾慕淡江中文學風已久所致。有幸接觸老師後，對於白話文的歷史成因有了較深入的理解，老師對晚清文學的思想脈絡十分專精。在老師的帶領下，除了明白新文學運動健將的深心外，亦了解了反對者如「學衡派」的立場。終於李師一句話：文白問題就像一道光譜。讓我從對文白一刀兩切的困惑中得出覺悟。父親別有見地的教養方式，對我影響至鉅，但幸遇老師，才能為我們父女倆一同解惑。就讀中文研究所期間，父親是我的親密戰友，常連袂出席大小各種文學研討會、文學研習營。連大會主席也忍不住在會議中公開表揚。說實在的，剛開始多少有些尷尬，都研究生了，後頭還跟著個直升機老爹，但時日一久，我卻萬分慶幸，誰能如此幸福，得一文學同好，時刻相伴。父親為我跑圖書館，拿會議論文，我發表的論文，他永遠是第一個特約討論兼最細心的校對。不過在大小場合，老師見到父親，總是和他雙手緊握，寒暄問暖。碩士口試在淡江城區部進行，結束後，父親在麗水街的京兆尹小館備著小酌，記得老師望著這對歡喜不已的父女，體貼地對父親說他很喜歡這家小館的爛肉麵。老師對父親的關懷、視父親為文友的親和，讓我也終能從尷尬到自然。後來在空大教書時，對於長我許多的學生，也學著老師對長者的態度，內心從容許多，也讓我在後來的教書生涯中，比較懂得照顧和體諒學生家長。

印象在一九九五年左右，老師在家中對面添置了一個十三坪的書房，我有幸去參與了整理，我很認真地拿著一本圖書館的分類編號法要去排書，老師哈哈大笑說我拘泥不化，幾天跟著老師整理下來，十足見識到老師的新書房根本就是他文學事業版圖的縮影。我們父女跟著老師多年，老師早已取代胡適，成為父親新的文化偶像，聽聞老師新書房之事。一九九六年在我進東吳讀博士班時，父親也幫我購置了一個九坪的小書房，期許我也能效法老師立下一番文學事業。

一九九三年因著老師的提攜，參加了文訊的「作家作品書目」編纂工作。當時文訊位在復興北路，我們埋首於各種臺灣作家文學史料中，全手工作業，雪片般的標籤紙，令人難忘。文訊的封德屏總編封姊，請我們喝現榨奇異果冰沙，奢華驚豔。有次在文訊小會客桌旁，聆聽老師口述年少心事，老師對他身分證上曾為自耕農的耿耿於懷，讓我這個溫室小花，首次明瞭到老師在求學路上竟如此艱辛。當時的老師正值旺年十分忙錄，有一次拿著奶瓶，略帶急促地對我說：「妳看我還要餵奶！」我才赫然發現，原來也有老師不擅長的事。真是感念師母對老師的照顧，至今老師打拚的身影還歷歷在目。後來十多年間陸續參加了文訊主辦規模龐大、戰線持久各種文藝工作，青年文學會議讓我初試啼聲、參與了專訪、會議側記、專題撰文、臺灣文學年鑑編纂等工作。尤其撰寫「文學記事」專欄，是老師和文訊給我最大的任務，每月

李瑞騰老師六十壽宴

一次，閱讀剪報、摘錄各大副刊文壇要聞，期間長達兩年。這樣的訓練，對於我的條理及耐性，有著深刻的磨鍊，文壇作家們的身影，也能時時照見自己。

這三十年來，日復一日，在家庭與社會中，我扮演著許多不同的角色，家庭中是女兒、人母、妻子及媳婦，社會上是老師、朋友，兼做行政後，又多了上司下屬的角色，穿梭於各種角色中，常常要請求老師的緊急支援。也還好年年都能和老師、師母及同門在暑假聚會，除了聆聽老師一年的生活所得外，也趁機和老師及師母請益生命階段中的各種煩惱。我在一九九四年碩士班二年級結婚，父親在臺北中山堂為我辦歸寧，父親力邀老師致詞，記得老師語重心長地說：「**婚姻中最重要的就兩個字『包容』**」。我時刻謹記在心，希望有依著老師的期望經營好家庭。

二〇〇二年二月博士畢業，我開始到黎明技術學院通識中心服務，學校緊鄰高速公路泰山收費站，老師說他在往返中央途經黎明時，會想到我在此工作，我從黎明的誠樸樓望向高速公路的車流時，每當想到老師對學生的守侯時，就又會湧生出向上的力量。二〇一六年我被派任教務處課務組長一職，從光桿老師開始正式接觸行政工作。老師文學行政工作經歷豐富，自系主任、圖書館館長、文學院院長到臺灣文學館館長。我自然又急急向老師求助，老師推了下眼鏡，意味十足地笑笑說：「很好啊，就去做，行政工作最重要的就是『不要擾民』。」這六年來我捧著老師的這個法寶，果真是屢試屢靈驗，老師真是經驗老到，行政沙場上的戰將。

多年來同門在暑假可以藉著老師慶生聚會，難得可以和大家見面很是珍惜，自二〇〇三年起，我幾乎年年參加，捨不得錯過。翻看照片，老師濃黑的頭髮，常使我們嘖嘖讚嘆，歲月幾乎沒有在老師和師母身上留下痕跡，不過兩位公子早已玉樹臨風。我的女兒慶儂自小跟著與會，今年也已研究所畢業，二〇一三年開始，小兒慶夫也開始加入家族聚會的行列，一次老師對著小女慶儂殷殷關懷，諄諄教導說：「現在的年輕人，要注意培養自己的敘事力！」她也常常因著這句交代，培養師公要她有的溝通表達能力。一家三代同享師恩，人生難得。

老師常常在我人生面臨新處境時為我指引；在面對新的人生情境時，我想著老師的提醒，就能定下心來。一九九五年碩士班讀到三下，想要為《現代文學》七十三期雜誌編一份索引，因為工程浩繁，會大大延誤論文完成時間，幾經考慮，我懷著極度忐忑心情和老師說想再多延半年時間。在文訊的辦公室裡，老師放下筆，凝視了我幾秒竟說：「謝謝妳，為了文學工作，願意再犧牲半年青春。」當下我完全愣住了，老師謝我？我驚訝地發覺：原來自己也是能有學術貢獻，能有用於社會的。老師對文學工作的胸懷廣濶，謙遜如此，我怎能不長懷感恩之心。寫論文時我常借老師「挖深織廣」一詞來用，於我而言文學是工作，向來少用文字表達情感和生活，三十年來，有幸親臨許多老師口述的現場，藉文憶往，挖深織廣和老師、師母及同門的種種深情。謹以此文慶賀老師七十大壽，祝福老師闔家健康平安。

作者簡介

林積萍，東吳大學中文博士。黎明技術學院副教授、課務組長、國文組召集人。淡江期間由李瑞騰教授指導完成碩論〈《現代文學》研究——文學雜誌的向量新探索〉。興趣在現代小說、臺灣新電影與大眾小說領域，致力於文學教育工作。曾於北教大語創系、師大應華系、輔大中文系、淡江中文系開設現代文學、小說創作、臺灣新電影課程。撰有《《現代文學》的新視界》、《臺灣「爾雅三十年短篇小說選研究》》、《臺灣小說與新電影的研究及教學》等書。

師友惜緣

——賀李瑞騰教授七十大壽

歐宗智

「緣分」使人生變得很奇妙，我和李瑞騰教授就是。

國立中央大學中研所教授兼文學院長李瑞騰兄，比我年長兩歲，是文化學院時期中文系的學長，當年在華岡，他讀文學組，我讀文藝組，我們有共同的老師：史紫忱教授、祝豐（司徒衛）教授，也都喜愛寫作，彼此知道對方，但我們並不熟稔。畢業後，瑞騰兄走上學術研究之路，取得博士學位，進入大學殿堂傳道授業。當年瑞騰兄是少數關注現代文學的學者，對臺灣文學之研究，扮演開創性的關鍵角色，經過他指導的現當代文學研究論著，質量於學界可以說無出其右，其對臺灣文學研究之貢獻，有目共睹。

此外，二〇一〇年起，李瑞騰兄借調至國立臺灣文學館四年，南北奔波，但他不辭辛勞，以其於臺灣文學領域的學術專長和擘劃能力，促進國立臺灣文學館館務及發展，堪稱如魚得水，適才適所，「推動靜水流深的文學紮根工程，真的體現了文化人素樸的用心」（龍應臺語）。擔任臺灣文學館館長期間，他策劃及完成了多個出版專案，積累豐碩成果，包括完成三大套叢書，共計一二一冊，分別是三十三冊《臺灣文學史長編》、三十八冊《臺灣古典作家精選集》以及五十冊《臺灣現當代作家研究資料彙編》，這些著作深具文學價值，出版後廣受推崇，可謂成績斐然，令人津津樂道。

跟瑞騰兄建立比較密切的關係，是在我至東吳大學中研所在職進修之後。為了撰寫學位論文，使我跟瑞騰兄再度產生交集。

研究所二年級升三年級暑假，擇定以「東方白大河小說《浪淘沙》研究」為學位論文題目，依系所規定，學位論文指導教授以本系專任教師為優先考量，不得任意跨校尋找指導教授，是以先按照本系專任教師學術專長，邀請開設「現代文學專題研究」的劉正忠師，唯劉師時為新進教師，有其升等

李瑞騰教授（中）、陳啟佑教授（右，即詩人渡也）、筆者（左）於臺北市極品軒合影（2013年初夏）。

壓力，是以未克擔任指導教授。經與劉師商量，事先徵得熟悉現代文學的李瑞騰兄首肯，並將論文大綱送請過目。三年級上學期，正式向所辦提出學位考試論文題目報告單，經新上任的陳松雄主任認可，確定跨校延聘李瑞騰兄為論文指導教授。

由於先前已針對《浪淘沙》做過相關細部分析與研究，所以三年級學分修畢，即專心致志於「東方白《浪淘沙》析論」的撰寫。論文初稿完成，先送瑞騰兄過目，並約在武昌街「明星西餐廳」，面對面地就論文初稿詳細討論、交換意見，有些段落甚至於前後搬移或整併、補充，頗有與君一席談，勝讀十年書之感。整體言，論文經過李瑞騰兄費心指導，整體架構更顯完整，論述更有系統。二〇〇五年元月論文口考順利通過，前衛出版社配合《浪淘沙》電視連續劇上映及《浪淘沙》新十版問世，同年五月，學位論文「東方白《浪淘沙》析論」亦改以《多少英雄浪淘盡》為名，重新排版發行，有著師友之誼的李瑞騰兄百忙之中慨允撰序，文中提到：「人生之路，總有其千迴百轉，分合間最後就只那麼一個『緣』字，緣深緣淺，緣起緣滅，一切都委諸自然了。宗智已有豐富的人生閱歷，待人圓融，處事練達；出入典冊經年，想來已是大開大闔，似可不必拘泥於世俗關係，通過問學，共享智者驅遣文字之片羽吉光。我最終之歡喜接受他的邀請，實有一番心情與思維上的轉折與調適。」可見瑞騰兄是惜情惜緣的性情中人。序文亦云，「我覺得小說作者兼書評家歐宗智，已然蛻變成一位學殖深厚的學者了」，這樣的期許令我感動萬分，我也暗自立誓，一定在文學研究上開創出具體的成果來。

其後，應邀參加李瑞騰兄的弟子們每年八月初為恩師舉辦的祝壽餐會，歷屆研究生少長咸集，齊聚一堂，李瑞騰兄一家四口都一起參與，互動親切，其樂融融，充分感受到師生之間的溫馨氛圍，在「師道之不傳也久矣」的今天，尤屬難得，而聆聽瑞騰兄伉儷亦莊亦諧的致詞，確然如沐春風也。此情此景，媲美日本大導演黑澤明名作《一代鮮師》之啟迪莘莘學子的心靈。

欣逢瑞騰兄七十大壽，謹此敬致無限祝福，也相信退而不休的瑞騰兄和弟子們，必然開枝散葉，為臺灣文學的未來發展做出更大的貢獻。

作者簡介

歐宗智，一九五四年生於臺北，文化大學中文系文藝創作組、東吳大學中文研究所畢業，由李瑞騰教授指導完成〈東方白《浪淘沙》析論〉。曾任新北市清傳高商校長，現為連清傳文教基金會執行長。創作文類包括小說、散文、詩等，出版著作二十餘種。近年以論述為主，兼具論文之理與小說之趣，素有「校長評論家」之譽。

李瑞騰善知識成就百岳

吳鈞堯

二〇一九年冬，我因緣際會再度寫詩後，對於詩法結構、意象營造等，「不得不」感到興趣。說「不得不」，肇因「吳鈞堯寫詩」這事不能成為笑話。我在久未翻閱的詩書刊中，找著李瑞騰老師關於現代詩演變與詮釋的專著，才訝然想起，初識李瑞騰的淵藪，該在中國青年寫作協會的文藝營課程。

協會由當時文壇新勢力林燿德主導。我真懷念對我拉拔、吆喝飲宴，並且在進出電梯不斷揖讓的年輕新浪。當年，誰不年輕哪，李瑞騰瘦削，襯衫紮進褲頭後，還能挪出兩指空隙，多年後每次見李老師，總要驚訝他的臉形與青年無異，只是腰圍漸漸傾向宰相。青年李瑞騰戴粗框眼鏡，它的巨大讓我想起蛙鏡，帶有上天下海，遍尋人間奧義氣魄。這氣魄在日後歲月一一實踐，以新詩學者為開端，遍及編輯、現代文學各領域。我至少能提出兩種證明，他的學術著作以及指導的碩、博士生，足以說明學問無涯，專精一項後，極可能心法一通百通，李老師桃李天下的功德是撐開更大的傘，終於在二十一世紀的某一天，我大膽請示李老師，「可否當我論文指導教授啊？」

我委實才輕言拙，不懂得遍數李老師善學問，邀請的理由竟然是，「李老師，您已經指導葉連鵬寫澎湖，何妨再把金門帶上？」我這是離島「買一送一」概念，但李老師何其忙碌，他會接受「送一」，很可能知道我走投無路，而他這一生都在當別人的靠山，不如也讓我靠靠。

李老師談話鏗鏘我見識多次，蔡文甫老師公祭致詞、臺南文學館長上任與交接、為洛夫、管管站臺，甚至二〇一六年四月，我小說《孿生》發表會上，李老師上臺談話，都有不掏肺腑不罷休的真誠、熱烈，一字一句有力，讓人體會這些字眼都經深刻琢磨。李老師走下講臺或舞臺，談話腔調差異極大，那一次為了商榷論文大綱，就他家巷口小餐廳討論，李老師語氣剴切，威嚴之餘挾帶溫柔，竟似情人的威脅，「你不給我寫好，就給我試試……」

我帶回李老師批示過的論文初稿，大吃一驚，除了指出論述不足，竟還校出不少錯字，李

李瑞騰老師於吳鈞堯小說《孿生》發表會上致詞，陳述金門與神話的連結。

老師讀得深入，為我小說《孿生》作序時便指出，「我認為吳鈞堯真正想寫的是先前他曾在《荒言》和《熱地圖》中都提及的兩個夭折的哥哥……要寫兩位幾無生命史可言，但又影響全家至深且鉅的夭折哥哥，吳鈞堯就必須寫自身，寫父母，從家庭寫到家族」。

這是我寫《孿生》的核心，只是李老師比當事人更看得清楚。正是這股透視超能力，才能桃李滿天下。到底是先有樹再有果子，還是果子奔赴樹，李氏門生最清楚。

李老師夫人楊錦郁、公子時雍、時雋，都是舊識，楊錦郁曾經當過《幼獅文藝》編輯，時雍繼我之後接任主編，我們都用過「二四七」分機，我不喜歡喊楊錦郁為「師母」，乃因我們交誼緣深，人家一句客套話，「來彰化玩玩啊？」我們真當作一回事，某年春節全家到訪楊錦郁老家，吃住全免，離開時還滿滿伴手禮。

幾年後，錦郁姊獲頒彰化磺溪文學貢獻獎，時雍下午來到頒獎會場，知道我難以早退，先拿兩包花生糖給我。我坐立不安，我多想離席越位，與李老師一家晚宴舉杯。

每一年七、八月，我們都藉口李老師生日，去看看他，毋寧說是讓他再看看我們。畢業領文憑是一回事，做學問永遠沒有畢業證書。我也記得某次赴李老師宴席，會後錦郁姊忽然喊我，「慢點……」她代轉李老師贈我的兩瓶汾酒，我再如何撙節和慢喝，也終於喝完，可當時愉悅而走的神情，正如我與李老師的論文討論夜，李老師默默看我，終於沉緩點頭，接受我建構金門文學的新觀點。

李老師作為「靠山」無疑，但期許人人獨立為山，這是李老師對學生、對所有問道中人，最鏗鏘的祝福。因而生日宴便如百岳來會，我們觀看彼此風景，當然也回顧所有的上山路。

作者簡介

吳鈞堯，出生金門，曾任《幼獅文藝》主編，獲九歌出版社「年度小說獎」、五四文藝獎章、中山大學傑出校友等，《火殤世紀》獲文化部文學創作金鼎獎、《重慶潮汐》入圍臺灣文學館散文金典獎，以及《一百擊》、《遺神》、《孿生》等，多次入選年度小說選、年度散文選，二〇二一年秋出版第一本詩集《靜靜如霜》，獲得《文訊》、《聯合報》、《關鍵評論》等專文評論。

輯二

車行千里

莊宜文

和老師相識超過四分之一世紀，彼此曾遙望觀察好一陣子。讀碩士班時，從臺北坐火車輾轉到校，總遲到五分鐘，走進鴉雀無聲的小教室，老師神情嚴峻注視我落坐，才聲如宏鐘地開始講課。《一九九六年臺灣文學年鑑》編纂期間，每週到文訊上班兩天，有回老師責問坐在我對面的同事，她當場哭了，我更加侷促戒慎，唯仍思慮奔馳。雜誌社尾牙那天，一同走去鄰近SOGO的西餐廳，老師看著蓄勢欲飛的我說了句，慢慢來，我穿著黑色高跟長皮靴，邊練習著平衡重心。

那時開始為報刊寫採訪報導，撰文〈攻城掠地——李瑞騰知識版圖的拓展行動〉，斗膽形容老師是「狡獪的謀略家」，平日相處卻是畢恭畢敬。碩士論文研究小說獎，老師體恤問購買得獎作品集有無困難，其實煩惱的是不知如何和老師溝通，我自幼外表乖循，內在反叛，老師指示的方向，和腦中構思的不同，內傷地按表操課，竣稿後他看了壓縮的那節卻說，這才是重點啊！半年後老師指派研討會論文題目，我自行改成想寫的議題，發表後走在國圖停車場，老師上車前，對甫成為博士生的我落下一句，翅膀硬了。我沒接話。

年輕時下筆飛快，蟄伏數月後交出大疊博士論文，昏暗天色中竟看到忙碌的老師流露驚詫眼神。畢業後原不想應徵母校教職，不抱希望，但南征北討獨略過中央，又說不過去。我以為會飛向遠方，沒料到回返駐留，迎接我的是老師一封親筆信，靜靜躺在系辦信箱，我好像一直沒回。只漸漸學會蹲下縮起，躲入宅居的洞穴，隔離風聲雷雨。

老師對公眾事務熱心盡力，願投身於體制內改革，進退得宜且懂自保；我心態疏離，偶爾猛爆卻不可收拾，快筆寫議論惹禍上身，老師曾攔下，也曾任它發酵。他待人處事細心周到，我應對笨拙，尤不擅說場面話。某回讀到老師散文，結尾於校園裡一隻靈動閃現的松鼠，開會空檔我說那篇寫得很好，又補了一句，老師的作品參差不齊，他仰頭哈哈大笑。有次洽公途中，老師感嘆自己老了，語末是問號，我冷靜回，每個人都會老的，我也覺得自己變老了。如今已近他當年的歲數，才讀懂那失落的神情。

往學校的路程迢遠，駕訓教練見我愛飆車，告誡取得駕照也別上路，遂成通勤族，總在校車抵達前驚險趕到，一路昏睡到校。若搭老師便車，就會撐住眼皮，好長一段時間有些惶恐，彼此斟酌詞句。有時品人如品茗，一套現時的世說新語，可意會而不落言詮。彼此觀點作法不同時，老師不吭聲，我也不表反對，以靜默表達幽微的抗議。老師是八卦絕緣體，學生輩成雙成對，有時收到喜帖才知，後來發現我自己也是。偶有例外，一天老師示意辦公室桌上有張紅帖，問知道某某要結婚了嗎，是在文訊認識的前男友，一分鐘後我走進教室上〈世紀末的華麗〉。老師沒去參加喜宴，邀我晚餐，卻剛好選了曾去過的餐廳，還坐了同樣的位置，我默默領受著好意。

校車停駛後，老師體恤我換車勞頓，常讓我搭便車。他籌思工作時理路清晰，如行車平穩，幾分鐘就交代三件公事，有時車流如潮，沖刷記憶的岩層，往事隨風撲面而來，經車輪輾壓後又呼嘯而過，我也跟著神思飄渺。有回我提起和母親營救路邊一隻病鴿，老師竟聽得津津有味，細述那大半天歷程後，換老師說：有天我在樹下看ㄙㄨˋ，我疑惑問，看書？不，看樹。他看著文院前盛開的藍花楹，循線找著了當年種樹的員工，探尋它的身世。輪流說完故事，老師下車後，還意猶未盡地說，剛說鴿子的事很有意思。後他將藍花楹的故事，寫成短文發表。老師自己開車時，常聽新聞廣播，或自編曲調唱歌，表演吟唱前的練習，比晚會當天自在好聽。

要到後來熟識，我漸看穿老師表面深不可測，內在其實單純。他將滿腔熱情投注在公眾事務，思慮謀略用於待人處事力求周全，那些人事我聽過就忘，只歸納出妥善因應的原則，但我仍是扶不起的阿斗。

五四百年，老師接下重責大任辦國際研討會，籌備會議中，我問如果學者來不了呢？會前一週，手機傳來訊息：天翻地覆，通個電話。我好整以暇回覆現在有點吵，一個小時後又收訊，可以講電話嗎？原來烏鴉嘴應驗了，老師已想好對策，議程全面調整，發表時間拉長，照辦一天半。老師做事有條不紊，辦公室永遠乾淨整齊，因此極少靠近我研究室。不久前在走道揚聲叫我，我慌忙開門，滿室雜亂沒位置可坐，老師在門口罰站，彼此都有些尷尬，他迅速掃視一圈，望向窗外說，風景很好。

具行政長才的老師，泰半身兼數職，表面紋風不動，內裡難免耗神傷身。首次當院長時，傍晚高血壓發作，打電話給同事，只問句現在有空嗎？同事即刻趕到院長室。我事後得知直呼好險，要我可能慢悠悠過去。當晚接到師母電話，口氣平常，只問在中壢嗎？我說在臺北，師母什麼也沒提，駑鈍的我也未覺察異樣。

十年前的盛夏，亞傑學長猝逝，我們面對艱難的開學，那天老師罕見地沒開車，上校車後坐到我旁邊，嘆口氣後舉起手，在空中停半秒，拍了拍我放在膝上的背包，手勢輕但情思重。先父過世時，為出版遺著費神，老師途經家樓下取回書稿，釐清了我未能掌握的章節邏輯。我遇事常和老師討論，但少直接求援，曾因遭學生誤解，要進課堂前舉步維艱，和老師說鼓勵我一下吧，他拍了拍我的背，說聲沒事，誤會果然也就圓滿化解。

A型的含蓄謹慎，和獅子座的熱情如火，在他身上混融無間，師母也是火象星座，曾說老師人品好，流露信任讚賞之情。讀研究所時到老師家談論文，夜深了，師母過來聊幾句，夫妻愈坐愈靠近，我和同學就起身告辭了。其後帶大陸學者遊陽明山，或經過老樹咖啡時，老師指點以前待過的舊所，滿是戀舊之情。老師樂得公開曬恩愛，曾在晚會激昂亢奮地分享年少邀黃春明演講時，初見師母如何驚為天人，聽眾哄堂大笑、樂不可支，穿T恤牛仔褲一派休閒的師母，站在臺上緋紅著臉含蓄微笑。後座的友人前俯後仰，頻頻撞到這排椅子，回頭一看，已漲成大柿子臉，岔著氣說，妳老師說話都這麼好笑？啊哈哈哈。前年佛教文學研討會閉幕式，老師最後即興演出，對坐在臺上的師母說，「剛剛最想問楊錦郁小姐的是，妳希望成為眾生僕人的時候，我是不是也是眾生之一？」一向雍容貴氣，有著女王般氣勢的師母謙和回應：「我家有一個老爺和兩個少爺，每次都跟別人說，代誌毋是我咧做是啥人咧做，我把他們當菩薩，他們是來成就我的。」老師對研討會在此圓滿結束顯得相當滿意。

那天夜裡風大，師母披了老師的外套，竟為我開車門，讓我受寵若驚。老師日常生活多靠師母張羅，老師也極為體貼，見酷愛旅遊的師母，到印度清苦修行時帶了睡袋，沒多問，某天課後我搭高鐵回臺北，見一身便裝的老師在等車，窘笑說清晨出門運動忘了帶鑰匙，憑張悠遊卡坐車到校，原來不願按電鈴吵醒家人，身上也沒餘錢，我還問要不要借錢，他客氣回絕了。

我一路看著兩公子成長，初見讀附中的時雍，鐵口直斷他富文青氣質，老師搖搖頭，如今滿懷對繼承衣缽的期待；時雋擁有老師欠缺的專長，言談中滿是欣賞和肯定。在外獨當一面的老師，戲稱家人不在時，自己就是孤獨老人。他少在外獨食，邀我一道吃米粉湯，點幾樣小菜。老闆娘叫我妹妹，走出小店後，我疑惑說她年齡應和我差不多啊。老師說妳知道為什麼嗎？她應該覺得妳是我女兒，語畢俯身大笑，笑聲迴盪在巷子裡。

想起寫完博論後，和學妹請老師闔家共餐，那天學妹不克前來，走在當時有些清冷的忠孝東路五段，鞋帶鬆了，我彎下腰綁起，他們停住腳步回頭等我，抬起頭時，正值盛年的師母溫藹笑說，宜文看起來小，好像我們女兒，結果那餐是師母請客。

一霎時眼前成了繁華如夢的信義商圈，二十年就這樣過去了。老師從貌似冷峻權威，變成同輩口中溫暖的大太陽；而我從內在橫衝直撞，到認分灰撲撲地過日子。隨著老師行過千里路，看過無數變幻的朝陽和落日，風雨和濃霧。老師曾公開說退休那天一定會哭，我一直怕見，因為懂得那眼淚的重量。

作者簡介

莊宜文，一九九五年踏上雙連坡，碩士論文〈《中國時報》與《聯合報》小說獎研究〉在雲端看廝殺，新世紀完成臺灣首部張學博士論文〈張愛玲的文學投影──臺、港、滬三地張派小說研究〉，後任教於中央大學中文系，主要研究文學改編影劇，近十年遊走於虛構敘事與歷史情境間，書評、雜文、報導散見報刊，曾獲臺中文學獎小說組首獎。和李瑞騰老師合編《琦君書信集》、《九歌一〇五年小說選》、《羅家倫與五四運動》等五部書籍。

即之也溫

——慶賀瑞騰老師七十壽辰

朱嘉雯

上個世紀末，某個週六午後，臺灣師範大學國際會議廳裡坐滿了人。這是一間環狀座位的會議室，我坐在第三圈面對主席臺靠左邊的位置。那天下午場，臺上的主席是龔鵬程教授，他身旁坐著兩位老師，正在相繼發表論述，而這一場研討會的主題是：「臺灣文學正名之討論」。老師們侃侃而談，聽眾也都安靜地聆聽著。此時跟我同一圈卻是在右邊那一頭，有一位老先生突然舉起手來！主席尊重地讓他發言，他一站起來就情緒激動地說：「只有中國文化，沒有臺灣文化；只有中國文學，沒有臺灣文學……」龔教授沒有等他說完，便駁斥道：「有山東文學，有四川文學，就有臺灣文學！怎麼會沒有臺灣文學？荒謬！」

研討會的場面一時之間令人難堪，而我當時也是一個小小的工作人員，面對這樣的場景，不由得驚慌起來！只見臺上和臺下各執己見，很有火藥味！而其他的聽眾則是面面相覷，大家都不知所措。這時我看見瑞騰老師站起來，親切地走到老先生的身旁，扶著他的肩膀，輕聲安慰。然後緩緩地帶他走出會場，兩人站在走廊上，老師很有耐心地聽他說話。我當時在念碩士班，也做過老師的研討會計畫助理。看到這樣的情況，便從後門出去。當時也許是要想要幫點什麼忙吧？我們將茶敘的飲料倒了一杯給老先生，只見老師還在緩緩地和他說話。而老先生已經沒有像剛才在會場上那樣激動了。

等他完全平靜無事之後，老師回頭跟我說：「這位老先生很可憐！他從四九年流亡到臺灣之後，直到晚年才結婚生了一個兒子，沒想到兒子在當兵的時候平白無故暴亡了！可憐他就這一點骨血，也是他在此地唯一的親人，唯一的希望。」我這才明白過來，老師見多識廣，想必是在很多會場上，都見過此人吧！而且因此與他熟識，於是在剛剛那樣火爆的場面底下，除了老師之外，恐怕再也沒有第二個人能夠理解和安慰這位老先生了。

「他的兒子在軍中無緣無故死亡的消息，讓他一直很難接受，所以這麼多年來，他四處奔走，希望能夠查出兒子的死因，希望有關機關能夠還他一個公道。但是十多年來，沒有人理會這位孤獨的老先生，也沒有人曾經給他一個說法。所以他總是顯得忿忿不平，處處咄咄逼人！」原來老師還知道這位老先生一直以來都求告無門的狀

作者碩士畢業與老師合照

況。而我此時也不再把這個人當作是惡意鬧場的不良分子來看待。只希望他能看得開，那樣對他自己最好。

我們跟著老師在課堂上學習專題閱讀與論文寫作，同時也在老師所舉辦的各場研討會中，練習學術會議的實際操作。我們經常看到老師與臺灣文學界老、中、青三代作家們不斷地對話與交流，所以總是以為老師的朋友僅止於文學界，然而在經過那一場臺灣文學正名的會議之後，我忽然發現，老師不僅關心臺灣文學的過去、現在與未來，老師更關心每一個人的處境，無論那個人本身是不是作家。而關照社會上每一個孤獨的邊緣人，其實也正是文學的使命。

因為我們都熱愛文學，希望將它的價值傳遞給更多人。所以最近這幾年，我經常配合《旅讀》等機構所舉辦的校際巡迴演講，為各校的同學們談談文學及文化等主題。然而我又是一個很孤僻的人，於是每到一所學校，我便在內心祈禱，希望能夠直接進入教室，將陌生的同學們都當作是自己的老朋友，很自然地開始講述。在開場之前，最好是省略任何禮貌性的接待，或是由主持人做很制式的介紹。但是常常事與願違。有時還必須先去主任、院長，甚至於校長辦公室坐坐，說些客套話。在開始演講之前，又常常見到主持人念著小抄來介紹我這個人，我感到不自在。直到一年多前，我有機會巡迴到母校中央大學演講，但那是一個平日的晚間，天氣不大好，我算是風塵僕僕趕到了文學院，踏著熟悉的步伐上樓，才剛上二樓，腳步還沒站穩，就看見老師站在那兒等我。我不太敢相信，因為這是《旅讀》雜誌辦的晚間藝文活動，同學們自由參加，頂多僅需要一位年輕老師來接洽相關事宜，而瑞騰老師是院長，應該不需要親自來主持吧？果然他只是陪我聊聊天，有說有笑，很愉快！等時間到了，他送我到演講廳門口，他便離去。我對著學弟妹們自由自在地發揮著想講的故事。等我演講結束，正準備走出教室，卻又看到他出現在門口，然後我們一起走一段路，隨興聊聊，直到我去搭車。

我從沒有遇到過這樣的情形，事後回想起來，竟是無限地感動！只有回到母校才有回家的感覺，有家人的噓寒問暖，而不是一般形式上的接待。那天晚上回到家，我在臉書上記下了這件事，儘管自己不擅長待人接物，但是不能忘了老師曾經帶給我心頭的溫暖。

老師是個很有溫度的人。不是熱情，也不是厚禮，而是拿捏得恰到好處的一股溫暖。這是這麼多年來，我切身感覺到的。

從老師這一代到我們這一代，面對臺灣主體性的長足發展，在現代社會語境中，「讀中文系的人」正在日漸喪失其論述的正當性。我想我們所經歷的學科，舉凡：經學、小學、諸子、文學、文獻學等專門而深厚的知識，在在都是經過千錘百煉，才從老師們的手中傳承下來的。只不過我們所生活的環境，同時也是一個不斷在追新的時代，新的科技與新的思維成天將我們圍裹，也迫使人們不得不去思考傳統文化中的不合時宜。但怎麼改革？就是一個大哉問。況且我們這一代人在學校還往往身兼行政職，招生的壓力愈來愈大，「老師怎麼看待這個問題呢？」大約十多年前，有一回坐在老師的車上，聊起來，就順口請教了。

「最壞的時代，也往往是最好的時代。」老師手握方向盤，說話的同時繼續往前行。我好像醒悟了！因為當時中文系的研究生結構其實也真的開始出現了很大的轉變，班上的退休人士增加了不少，顯然這些研究生和我們當年大學畢業後繼續考碩士班、博士班的願景不一樣。同樣是完成人生的夢想，而現在的學生可能還多了幾分真正的憧憬與熱愛，又少了一點現實利益的考量。如果他們是真正熱愛中文系，在退休後還勤於回學校學習，那當然也算是最好的時代了。只不過我們恐怕不能再要求世代傳承了。

二〇一七年，我曾經代表《文訊》採訪瑞騰老師，那時我們又再一次談起這個話題。比起十年前，當時他以悠悠緩緩的語調，輕鬆地談著中文系。這一次，李老師不諱言，在教育體質改革之下，大環境的複雜與個人的痛苦已自不待言。中文系內部的員額與經費都不比往昔，而且正在面臨重新分配，所謂不太實用的課程或將隨著資深教授的退休而退場，這意味著未來我們可能逐漸失去經、史、哲學、文字聲韻等傳統課程。老師對於臺灣高教人文領域未來的發展，顯然也比十年前多了一份憂心。不過憂心之餘，內心也還是篤定的：「如今各行各業表面上看來日新月異、變化紛呈，然而最後都必須回到語文上來做表述。」因此語文教育也是他很關心的問題。在長期處理大量行政事務之餘，老師曾說，他最喜愛做的事情就是舉辦同仁性質的座談，與教授現代文學的老師們分享具有溫厚人文情懷的作品，同時關注這樣的作品如何轉化為優質的語文教材。

從今年起，老師可以從心所欲而不逾矩了。作為他的學生，我們也都相信老師會帶著這份篤定的人文情懷繼續走下去，持續在臺灣文學界發聲，書寫評論文章為優秀的作家作品點亮一盞燈，而且永遠為他身旁的人們帶來親切可感的溫暖。在這個意義非凡的日子裡，我獻上衷心的祝福，祝福老師平安健康幸福！但願我們和老師的情誼能夠維繫得久久長長，如同老師為文學界所點亮的明燈，永不熄滅。

作者簡介

朱嘉雯，國立中央大學中國文學博士，現任國立東華大學人文社會科學院華語文教學國際碩、博士班教授兼主任，國際紅學研究中心主任。著有《朱嘉雯私房紅學》、《朱嘉雯青春經典講堂》、《朱嘉雯經典小說思辨課》、《朱嘉雯經典文學情商課》等套書，以及《華麗大冒險》、《小物件大時代》、《紅樓夢的經典生活》等有聲書。漢聲廣播電臺節目製作、主講，《福運雜誌》、《創價新聞》專欄作家、第五十二屆廣播金鐘獎得主。碩士論文〈「接受」觀點下的戰後臺灣作家與《紅樓夢》〉、博士論文〈亂離中的自由——五四自由傳統與臺灣女性渡海書寫〉，由李瑞騰、康來新教授聯合指導。

淡定從容，惠我良多

——恩師李瑞騰教授的風範

羅秀美

今年迎來李瑞騰老師榮退暨七十華誕，有幸躋身老師門下的我，一路行來受惠良多。特別是李老師恆常淡定與從容的丰采，令人如沐春風。緣此細數師生因緣，特別有感。

一、「同年」成為中央中文人的師生緣

一九九一年（民國八十年）九月，我剛從世新五專部畢業插大就讀中央大學中文系二年級，成為大學「新鮮人」，當時李老師是新加入中央中文的年輕教授。初為大學生的我，同時選修了李老師二門現代文學課程：現代散文與現代詩，開啟我對現代文學的認識。後來直升中央中文所碩士班（一九九四—一九九七），也選修了李老師的課程。但當時的指導教授是李老師的師友張夢機教授（一九四一—二〇一〇），由顏崑陽老師代理中風復健的張老師實際指導，以古典文學為方向。這時尚未與李老師正式結下師生緣。

而正式結下師生緣是博士班階段。碩士畢業後任職專任講師兩年後，一九九九年九月我

回母校攻讀博士班，商請李老師擔任我的博士論文指導教授，當時也選修了老師二門課程：「中國近代文學與思想」與「文學社會學」。這些課程擴大了我對於近現代文學研究的興趣，當時也因此陸續撰寫了幾篇不夠成熟的論文。（註❶）而李老師的慷慨應允指導，對於當時身為專任講師又「兼職」博士生的我，特別有種安定的力量。印象最深刻的是，當時任職私立技專院校時苦水特別多，往往叨擾公務繁忙的李老師解惑。而李老師總是一貫淡定而從容地耐心傾聽，適時提點一二。至今思之，仍舊深刻感受到李老師當時作為一股溫暖而堅定的支持力量的意義。其後，更感謝李老師的信任與包容，讓不才的我得以在四年半極短時間內取得博士學位，也更有底氣面對職場的種種光怪陸離。

二、名師帶路的學界人生

取得博士學位前後，曾經短暫兼任教職一年。很幸運地，二〇〇四年下半年便轉赴國立聯合大學全球客家研究中心擔任專任助理研究員；半年後（二〇〇五年二月）再度轉職國立中興大學中文系擔任助理教授。當時，李老師對於我終於找到學術人安身立命的最佳場所而不再漂泊感到欣慰。自此展開教學、研究與服務「三管齊下」兼成家育兒的忙碌人生，五年半後（二〇一〇年八月）順利升等副教授，相隔十一年後（二〇二一年八月）升等教授，學界人生大致順風順水。在這段不算短的學界人生裡多虧恩師帶路、貴人眷顧，方得以踩穩腳步，而李老師正是不吝給與予習與磨練機會的最重要貴人，特別值得感念。

在聯合大學任職半年期間，曾籌劃「文定西湖．閱讀吳濁流研習會」（註❷），當時邀請李老師蒞臨演講吳濁流的文學課題，為研習會增添不少光采。轉職至中興中文系後，承蒙李老師厚愛，學習與磨練的機會益發多樣而豐富。尤其是我在初任助理教授時期，不少學術表現來自李老師的照拂。首先，剛到職中興中文助理教授之際，二〇〇五年三月出版了李老師指導的博士論文《近代白話書寫現象研究》（註❸），序文即出自李老師手筆（見文後附錄一）。其次，二〇〇五年十二月，在李老師的琦君研究中心邀請下，參與「琦君及其同輩女作家文學研討會」並發表論文，其後論文收錄於論文集中。（註❹）第三，自二〇〇七年六月開始，四次應邀擔任李老師指導碩士生的口試委員。（註❺）第四，在李老師的策劃及邀請下，展開我人生第一次報紙專欄的寫作，自二〇〇七年八月三日至二〇〇八年十二月二十六日止，在《人間福報》每週五「終身學習版」的「經典名句」專欄撰寫七十三篇短文，後以《天心月圓——從中國「經典名句」看人生》集結成書，於二〇一二年出版。（註❻）第五，二〇〇八年十一月又承蒙李老師的邀請，在「漢字運用與國（華）語文教學國際學術研討會」發表〈大塊假我以文章．漢字召我以情感——以唐諾《文字的故事》與張大春《認得幾個字》為例〉（註❼）。第六，二〇〇八年九月至二〇〇九年十二月，在李老師的召集下參與老師家鄉南投縣文化局委託中央大學中文系執行的《南投縣文學發展史．上卷》計畫，撰寫

〈第三章日治時期古典詩文〉，（註❽）並因此因緣造訪李老師在南投縣草屯鎮的老家。第七，二〇〇九年一月拙編《看風景——旅行文學讀本》成書，邀請李老師賜序（見文末附錄二），增添不少光彩。（註❾）第八，又在李老師的邀請下，再度自二〇〇九年六月一日至二〇一一年八月二十九日在《人間福報》每週一「終身學習版」的「詩人心事」專欄撰寫短文，其後於二〇一七年以《獨心功夫——讀懂古典詩人的生命故事》（註❿）為名出版。第九，二〇一〇年一月出版升等副教授的專書《從秋瑾到蔡珠兒——近現代知識女性的文學

羅秀美（右三）就讀中央大學中文所碩二上學期時，和李老師合照（1995年11月25日中央大學文二館國際會議廳）
＊右一：李淑萍（中央大學中文系副教授）
＊右二：莊宜文（中央大學中文系副教授）
＊右三：羅秀美（中興大學中文系教授）
＊左三：向鴻全（中原大學通識教育中心副教授）

表現》由李老師定奪書名，老師也為此書賜序（見文末附錄三），為升等之路增添鼓舞的力量。（註⓫）綜言之，一一細數諸多李老師給予的學習機會，豐富了我助理教授時期的成長，可謂惠我良多。

二〇一〇年八月升任副教授後十一年間，仍舊持續蒙受李老師的信任與照顧。首先，又有榮幸擔任李老師指導的兩位碩士生的口試委員。（註⓬）其次，自二〇一〇年九月至二〇一一年九月，再度因應李老師之邀請而參與南投縣文化局之《南投縣文學發展史．下卷》計畫，負責撰寫「南投現代小說」部分。（註⓭）第三，李老師任職國立臺灣文學館館長期間，大力推行「臺灣文學史長編」寫作計畫，我也有幸自二〇一二年三月至二〇一三年三月參與此計畫的「都市文學」部分，並於二〇一三年八月以《文明．廢墟．後現代——臺灣都市文學簡史》，成為「臺灣文學史長編」第二十五冊。（註⓮）第四，二〇一二年七月，拙著《天心月圓——從中國「經典名句」看人生》出版，即前述原刊《人間福報》的專欄，而催生此專欄的李老師也賜序拙著（見文末附錄四）。（註⓯）此書經由出版社推薦參與「國立臺灣文學館文學好書推廣專案」，於二〇一二年十一月榮獲「入圍一〇一年度第二期審查決選名單」（入圍即得獎）。第五，二〇一五年六月適逢母校中央大學建校一百週年，李老師身為校慶特刊《百年中大》主編，邀請我撰寫〈南高史地學派、竺可楨與張其昀〉以彰顯早年中大在史地學界的學術榮景。（註⓰）第六，李老師的琦君研究中心在二〇一五年十一月主辦

「經典文本與國語文教學——第二屆琦君與同輩女作家學術研討會」，我有幸發表論文〈女性、啟蒙與翻譯——「中興文學家」琦君、孟瑤與齊邦媛的「女性文學」、「兒童文學」與「翻譯文學」〉，爬梳琦君、孟瑤與齊邦媛三位戰後來臺女作家的文學表現，後收錄於《經典文本與國語文教學——第二屆琦君與同輩女作家學術研討會論文集》。（註⑰）第六，二〇一六年九月，李老師擔任「第六屆全球華文文學星雲獎」召集人，我有幸應邀擔任「人間佛教散文」組的初審委員，與另二位專家學者共同評選。第七，二〇一七年二月，拙著《獨心功夫——讀懂古典詩人的生命故事》結集出版，即前述登載於《人間福報》「詩人心事」專欄的作品，策劃此專欄的李老師再度為拙著賜序（見文末附錄五）。（註⑱）第八，二〇一九年適逢五四運動一百週年，李老師特別策劃「羅家倫與五四運動研討會」以茲紀念，並以此凸顯中大老校長羅家倫身為當年發起五四運動者的歷史定位與價值，而我亦有幸接獲李老師的邀請，發表〈五四．娜拉．婦女解放——羅家倫的性別話語〉；後改以〈五四娜拉的「出走」與「出路」——羅家倫的婦女解放話語〉為題收錄於二〇一九年十二月出版的《羅家倫與五四運動（論述篇）》。（註⑲）綜言之，前述多樣而豐富的學術成果，多拜李老師所賜，方得如此豐碩而美好。

三、「多幫助需要幫助的人」

二〇二一年六月下旬，在疫情最嚴峻的時刻裡，我卻有幸迎來了職涯最高一職級通過的好消息。很開心地向老師報喜訊，李老師的回覆一貫淡定從容：「秀美：恭喜妳。以後可以多做一點自己想做的事，多幫助需要幫助的人！瑞騰」李老師簡潔有力的提點中蘊涵著濃厚的祝福與期許。

感謝老師的提點，是的，多做一點自己想做的事，尤其是多幫助需要幫助的人，確實是往後人生最應從事的大事。在完成所有升等前，我們忙著以加法「累積」成功的點數，大多數時候「得之於人者太多」而「施之於己者太少」。之後確實應以減法努力「減少」自己的累積，以「利他」作為生命的核心課題。而這樣的胸懷，也正是李老師這一生在學界職場中裨益眾生的寫照啊。

是以，這一年半載以來，我在李老師的教誨「多幫助需要幫助的人」中果然得到許多益處。而這樣溫暖而堅定的力量，正是出自李老師的淡定與從容。

謹以此文，獻給行將自學界職場榮退的李瑞騰老師，以及他的七十大壽。祝福老師。

寫於二〇二二年三月二十八日

註❶：羅秀美：〈「破碎山河誰料得，艱難兄弟自相親」——梁啟超「遊臺詩」中的家國情懷〉，《元培學報》第七期，二〇〇〇年十二月，頁二〇七—二二七。

羅秀美：〈淺論「詩界革命三傑」典範地位——以《飲冰室詩話》為例〉，《元培學報》第八期，二〇〇一年六月，頁一〇五—一一五。

羅秀美：〈近二十年來（一九八〇—二〇〇〇）臺灣學者有關中國近代詩／學之研究述評〉，《元培學報》第九期，二〇〇二年十二月，頁六十八—八十三。

羅秀美：〈五四後梁啟超的古典詩歌研究初探〉，《元培學報》第十期，二〇〇三年十二月，頁八十一—一〇四。

羅秀美：〈民初（一九一二—一九一四）詩壇鉤沉——以《庸言》報「詩錄」為觀察場域〉，《聯合學報》第二十五期，二〇〇四年十二月，頁一〇二—一一八。

註❷：「文定西湖．閱讀吳濁流」研習會，行政院客家委員會主辦，苗栗縣政府、苗栗縣西湖鄉公所暨吳濁流藝文館、國立聯合大學全球客家研究中心承辦，二〇〇四年十月—十二月。

註❸：羅秀美：《近代白話書寫現象研究》（ISBN: 9789577395184），臺北：萬卷樓圖書公司，二〇〇五年三月。（＊羅秀美：《近代白話書寫現象研究》，中央大學中文所博士論文，二〇〇四年一月。）

註❹：羅秀美：〈學院女作家琦君與孟瑤的教／學生涯與其文學創作的互動考察——兼論其接受史〉，「琦君及其同輩女作家文學研討會」，中央大學中文系琦君研究中心主辦，二〇〇五年十二月十六日。後修改並更名為〈學院女作家琦君與孟瑤的教學／學術生涯考察——兼論其文學接受情形〉，收錄於中央大學中文系琦君研究中心主編《永恆的溫柔——琦君及其同輩女作家學術研討會論文集》（ISBN: 9860058318），二〇〇六年七月。

註❺：辜韻潔（中央大學中文所碩士）《臺灣當代商戰小說主題研究》，九十六年六月。

劉靜儒（中央大學中文所碩士）《黃世仲及其《中外小說林》研究》，九十六年六月。

王靖雅（中央大學中文所碩專班碩士）《黃娟及其小說的研究》，九十七年六月。

吳慕潔（中央大學中文所碩專班碩士）《梅濟民及其作品研究》，九十八年六月。

註❻：羅秀美：《天心月圓——從中國「經典名句」看人生》（ISBN: 9789865976460），臺北：釀出版（秀威資訊公司），二〇一二年七月。

註❼：羅秀美：〈大塊假我以文章．漢字召我以情感——以唐諾《文字的故事》與張大春《認得幾個字》為例〉，「漢字運用與國（華）語文教學國際學術研討會」，華僑協會總會、搶救國文教育聯盟主辦；

僑務委員會指導；世界華語文教育學會協辦，二〇〇八年十一月二日。

註❽：羅秀美，〈第三章日治時期漢語古典詩文〉，李瑞騰、林淑貞、顧敏耀、羅秀美、陳政彥合著：《南投縣文學發展史．上卷》（ISBN: 9789860217346），南投：南投縣政府文化局編印，二〇〇九年十二月，頁一三一—二七五。

註❾：羅秀美編著：《看風景——旅行文學讀本》（ISBN: 9789866732324），臺北：秀威資訊公司，二〇〇九年一月。

註❿：羅秀美：《獨心功夫——讀懂古典詩人的生命故事》（ISBN: 9789863264040），臺北：釀出版（秀威資訊公司），二〇一七年二月。

註⓫：羅秀美：《從秋瑾到蔡珠兒——近現代知識女性的文學表現》（ISBN: 9789571514871），臺北：臺灣學生書局，二〇一〇年一月。

註⓬：李宣春（中央大學中文所碩士）：《李永平婆羅洲書寫研究》，二〇一三年一月。王亞賢（中央大學中文所碩專班碩士）《臺灣文學中的眷村書寫研究》，二〇一三年六月。

註⓭：羅秀美：〈第二篇「五十至六十年代」第三章小說〉、〈第三篇「七十至八十年代」第三章小說〉、〈第四篇「九十年代迄今」第三章小說〉，李瑞騰、林淑貞、顧敏耀、羅秀美、陳政彥合著，《南投縣文學發展史．下卷》（ISBN: 9789860295436），南投：南投縣文化局編印，二〇一一年十月。

註⓮：羅秀美：《文明．廢墟．後現代——臺灣都市文學簡史》（臺灣文學史長編25）（ISBN: 9789860375695），臺南：國立臺灣文學館，二〇一三年八月（計四〇六頁）。

註⓯：羅秀美：《天心月圓——從中國「經典名句」看人生》（ISBN: 9789865976460），臺北：釀出版（秀威資訊公司），二〇一二年七月〔＊入圍一〇一年度第二期「國立臺灣文學館文學好書推廣專案」審查決選名單，二〇一二年十一月十四日〕。

註⓰：羅秀美：〈南高史地學派、竺可楨與張其昀〉，《百年中大》，桃園中壢：中央大學，二〇一五年六月。

註⓱：羅秀美：〈女性、啟蒙與翻譯——「中興文學家」琦君、孟瑤與齊邦媛的「女性文學」、「兒童文學」與「翻譯文學」〉，「經典文本與國語文教學——第二屆琦君與同輩女作家學術研討會」，中央大學中文系琦君研究中心主辦，二〇一五年十一月二十八日。經審查後收錄於李瑞騰、莊宜文主編《經典文本與國語文教學——第二屆琦君與同輩女作家學術研討會論文集》（ISBN: 9789860485059），桃園市中壢區：中央大學琦君研究中心編印，二〇一六年四月，頁八十三—一三三。

註⓲：羅秀美：《獨心功夫——讀懂古典詩人的生命故事》（ISBN: 9789863264040），臺北：釀出版（秀威資訊公司），二〇一七年二月。

註⓳：羅秀美：〈五四．娜拉．婦女解放——羅家倫的性別話語〉，「羅家倫與五四運動研討會」，中央大學人文研究中心、政治大學民國歷史文化與文學研究中心主辦，中央大學文學院協辦，二〇一九年四月二十五日。後修改並經雙審後刊登：羅秀美：〈五四娜拉的「出走」與「出路」——羅家倫的婦女解放話語〉，《羅家倫與五四運動（論述篇）》（ISBN／ISSN: 9789869821544），桃園：中央大學人文研究中心出版，二〇一九年十二月，頁四十八—一〇六。

作者簡介

羅秀美，中興大學中文系教授，中央大學中文系學士、碩士、博士，博士論文〈近代白話書寫現象研究〉即由李瑞騰教授指導。學術專長為近現代文學與文化、女性文學、飲食文學、旅行文學。已出版專著《彤管文心——近代女性文學的賡續與新變》（二〇二二）、《女子今有行——現代女性文學新論》（二〇二一）、《文明．廢墟．後現代——臺灣都市文學簡史》（二〇一三）、《從秋瑾到蔡珠兒——近現代知識女性的文學表現》（二〇一〇）、《隱喻．記憶．創意——文學與文化研究新論》（二〇一〇）、《看風景——旅行文學讀本》（二〇〇九）、《宋代陶學研究：一個文學接受史個案的分析》（二〇〇七）、《近代白話書寫現象研究》（二〇〇五）。另撰寫《南投縣文學發展史．上卷》（二〇〇九）「日治時期漢語古典詩文」與《南投縣文學發展史．下卷》（二〇一一）「現代小說」。尚有未結集之單篇學術論文多篇。另有《獨心功夫——讀懂古典詩人的生命故事》（二〇一七）、《天心月圓——從中國「經典名句」看人生》（二〇二二）兩部創作。

〔附錄一〕

《近代白話書寫現象研究》序

李瑞騰

在我考慮博士論文題目之際，我的當代性格已經形塑完成。那時，我一邊教書，一邊從事文學媒體的編輯工作，當然也參與文壇大大小小的活動，有關現當代文學的論述文章之寫作也從未間斷。我記得的情況是這樣：我試擬了二個研究方向，一是持續在六朝領域研究文學理論，一是轉到民國做文學批評，前者對我來說駕輕就熟，後者充滿誘惑並有著極大的挑戰，以我的個性，其實也沒什麼好斟酌的，做現代就是了，我的老師黃永武教授不贊成我留在六朝，又不放心我一下子跑太快，談了一個夜晚的結論是，那就研究晚清好了。

於我而言，這個決定太重要了，我自此走進了一個蒼涼末世，時代的輓歌已然響起，四處又都有新生的喜悅。有人呼天喊地，悲傳統之淪喪；卻也有人神采飛揚，喜西潮之洶湧而至。我就這樣接觸了章炳麟、劉師培、王國維、梁啟超、譚嗣同等等近代的學術巨人，初步了解大陸學界有關「近代」歷史觀念的形成，乃至其發展狀況，特別是在文學這一塊。我發現在古代和現代之間，這個歷史的大轉折，曾經長期被我們所忽略，我最終之所以把它界定成「前現代」而經之營之，實有一番審慎認知的過程。

我以《晚清文學思想之研究》通過學位考試之後，到淡江大學中文系任教（一九八七），開始帶研究生以來，指導了多篇以晚清為研究對象的論文，離開淡江到中央大學以後，原也想繼續耕耘這一塊園地，可惜客觀環境沒給我比較好的機會，於是把力氣全放在海內外的現代中文文學上面，晚清，或者說近代，只能維持最基本的關心，有機會也會寫些論文，譬如說微視《老殘遊記》，進行各種自然與人文意象之研究，寫成專書。

爾後指導研究生寫的論文大部分都是台灣文學，近代或晚清，就只有一篇研究晚清短篇小說，一篇研究二十世紀上海租借地文學，以及羅秀美的這本《近代白話書寫現象研究》了。

我不能確定秀美到底從什麼時候開始想研究近代白話書寫現象，當初她和我談起這個構想時，我直覺到和我在博士論文中的一章〈晚清白話文運動的意義〉有關，當然鼓勵她寫了。我的想法是，這實在是需要放大特寫的文學/文化課題，我當年發現了它的重要性，卻沒有好好展開，秀美從大傳轉文學，做過扎實的古典文學批評研究，從作為文學表現媒介的語言文字之歷史課題切入，既是現象，也是本質問題。她一向的刻苦耐勞，我確信她必能勝任這一項研究。

秀美的速度和適度讓我放心，我只能說她實在有潛力，觀念、方法和材料都掌握得好，而且勤快。寫作過程中的激盪與調適，於她而言，必然也是一次完全的冶煉，看她從釋義開始，繼之以文化背景的鋪敘、白話理論的詮解，乃至於白話書寫與童蒙教育、大眾傳播、文學創作之間的關係等，她都能條分縷析、論證周詳，而最終將其置放於歷史脈絡中，與五四相互對照且輝映，完成她的大論述。大開大闔間，我們也見到一位年輕學者的慧眼與憂懷。

我想這只是個開始吧，特別是她畢業後的漂泊將告一段落之際，本書適時付梓問世，合當也是學思的新的起點，我特別為她感到欣慰。寫序的時候，也提醒自己，晚清尚有未完的學業，得空得回去補修。

＊羅秀美：《近代白話書寫現象研究》（ISBN: 9789577395184），臺北：萬卷樓圖書公司，二〇〇五年三月。〔羅秀美：《近代白話書寫現象研究》，中央大學中文所博士論文，二〇〇四年一月〕

〔附錄二〕

羅秀美編《看風景》序

李瑞騰

「旅行」是一種空間的移動，特指從居所離開，行走至特定或不特定的他域。有被迫出走，亦有意願者，各有其動因；然後便是從這裡到那裡的過程，此之謂「行」，而行於他域，即作「客」他鄉，是「旅」（《廣雅》釋「旅」為「客」），聞見之間皆有異於本鄉本土，所思所感皆與此息息相關。

寫作是人世經驗的再經驗，當一個人把他的旅行經驗以文字書寫下來，即所謂「旅行寫作」，能否成為文學，端視其寫作目的與能力。通常有兩種情況：一種是旅行當下的紀錄，一種是事後的憶述；前者如日記、手札等，後者則比較會有篇章字句的經營。寫法上，或體物寫物，或抒情詠志；內容上則不外乎目之所遇的山川風物、人文景觀等。

自有生人以來，旅行便已存在，很少有人終其一生都沒有旅行經驗；旅行寫作也必然與文字並生。古文獻中，《論語》中有孔子周遊列國的記載；《楚辭》中有〈遠遊〉一篇；《文選》所收之「賦」，有「紀行」、「遊覽」類，「詩」亦有「遊覽」、「行旅」類；古往今來的文學，與旅行有關者可說汗牛充棟。

近代以降，因海禁之開，「域外」遊記乃如雨後春筍，清人王錫祺所輯《小方壺齋輿地叢鈔》所收，幾乎含蓋全世界；近人鍾叔河所編《走向世界叢書》，亦洋洋大觀。最近，我購得山東畫報社出版薛冰所著《紙上的行旅》（二〇〇六），介紹其所私藏的五十餘部記遊之書，深受感動，且大開眼界，覺得案頭山水比實景更奇豔豐美。

上世紀的九〇年代，我曾為漢光出版公司主編一套四冊「愛與生活小品」，其中第三、四冊為《山水含情》、《異國情調》，前者收一九四九年以前新文學名家中國旅遊之佳作二十四篇，後者選二十五位臺灣當代作家的國外旅遊之作，反應頗佳，惜乎久已不見於書肆矣。

近歲以來，因媒體編輯及推廣觀光之所需，臺灣的旅行文學頗為昌盛，以此名家者亦不乏其人，相應於此，有關理論亦不斷深化，因此而有若干選本問世，然皆當代人作品，有感於此寫作類型早有典範文本，任教於臺中中興大學中文系的羅秀美老師，擬兼收古今，卻因著作權問題，先編成《看風景》一書，收古代和近代佳作。我覺得她在山杳水匝之間含情吐納，有呼喚歷史的豪情，願為之序，且盼她能儘快續編，給讀者一個完整的旅行文學脈絡。

＊羅秀美編著：《看風景——旅行文學讀本》（ISBN: 9789866732324），臺北：秀威資訊公司，二〇〇九年一月

〔附錄三〕

《從秋瑾到蔡珠兒——近現代知識女性的文學表現》序

李瑞騰

相對於漫長的古代社會，近代以降的知識女性逐漸翻轉她們的命運。那無疑是社會條件的改變，致使她們擁有接受時潮啟迪，乃至新式教育的機會。知識所形成的正向力量，讓她們覺醒，進一步勇於追尋自我。

考察這百餘年間的知識女性之發展，是一件極有意義的事。羅秀美博士這本專書標舉「從秋瑾到蔡珠兒」，具體將幾位典型人物置放於世代遷移的歷史框架中去定位討論，可以看出一條漸變的發展史脈：女性走出閨房、廚房，轉進到書房、學堂，追求知識，從事寫作，甚而參與公共事務之論辯等。從必須變裝革命到自然擁有自主權利，三代知識女性經由人文踐履，特別是文學表現，完成前輩女性不曾有過的夢想。

就是這文學表現令人感動，且永恆載諸典冊，以至我們在多年之後，猶能披文入情。我們都知道，書寫的當下，筆尖所及是錯綜複雜的萬象，是心靈深處的躍躍欲動，豈只是抒情詩文如此，即便是論辯公共議題，亦依著熱情與正義來驅動文字，從晚清到民初，歷經五

四、抗戰等大時代之錘鍊，乃在跨海來臺之後，成就其一甲子女性文學之輝煌，合當是文學史之超級課題。

秀美完成於二〇〇三年的博士論文，研究的是「近代白話書寫現象」，直探書寫行為的核心，上下之間看出了歷史的侷限與書寫行為的可能開展，她之所以進一步選擇近現代知識女性的文學表現為研究主題，針對秋瑾以降知識女性亦雄亦秀的人格與文風，挖深織廣，主要是她作為一位以文學教研為業的現代女性學者，必得開闢一處可供自我身心安頓的人文園圃，而這裡面自有豐饒的土壤，以及千姿百態的奇花異卉。

＊羅秀美：《從秋瑾到蔡珠兒——近現代知識女性的文學表現》（ISBN: 9789571514871），臺北：臺灣學生書局，二〇一〇年一月

〔附錄四〕

《天心月圓》序

李瑞騰

十餘年來，讀《人間福報》是我每日的功課之一，我隨興之所至，細讀或略讀某些篇章，從動態版到靜態版，從新聞到文學，從「奇人妙事」到「縱橫古今」，從「星雲禪話」到副刊上的專欄，我靜靜賞讀，享受記/作者積字成句的篇章之美。

在「縱橫古今」版上，我總會多停留一些時間；這裡的文章皆理性小品，以文史知識為主，特別耐讀。它有點像在臺灣已經消失了的早期副刊，猶有古風，成長中的孩子每天讀它，幾年下來必極富語文能力與人文素養，如有興趣剪報，可彙編成文史百科全書。

我有幸與報社諸法師結緣，負責「縱橫古今」的覺涵法師從容謙和，專業且敬業，曾囑我撰稿或推薦寫手，我原想重拾舊業，寫古詩賞讀式的短文，可惜數篇而止。三、四年前，涵師父另編「終身學習專刊．人文版」，我推薦中興大學中文系羅秀美老師撰寫「經典名句」專欄，她一寫一年多，得文七十餘篇，依類分卷，編成《天心月圓——從經典名句看人生》。我既感自己之欠缺毅力，對於秀美的努力復感欽佩，乃應允寫序以記其因緣。

秀美於國立中央大學讀中文系博士班時，從我撰寫博士論文《近代白話書寫現象研究》

（二〇〇三）。我在上世紀八〇年代中期曾努力清理晚清文學之發展，在新舊文學思想的激盪中，發現「白話」已是政治與文化的重要議題，可以說已成風潮了，因此專章處理了此課題。秀美放大並深挖，且向下探討到五四，完全銜接新文學運動，論文深具學術價值。

她其後的開展主要是向著現當代，而且也回到臺灣，這距離我更近了；最近她參與我主持的南投文學史之撰寫，負責日治時期漢語古典詩文及戰後小說兩部分，舉重若輕，可以看出她近年來的精進狀況。我知道她在古典詩文方面曾下過工夫，稽之她當年碩論研究陶（淵明）學史，可以確信她深具古典文獻掌控能力，所以這一次看她每週一篇「經典名句」，一點也不覺其意外了。

顧名思義，這些篇章皆從古之經典找名句，錄其原文，解析其內在意涵，緊扣人生；輔以相關背景之說明，要讓讀者易於理解其來龍去脈。「華枝春滿，天心月圓」是天地自然美境，亦圓滿人生的寫照，願讀者以歡喜心讀本書，並能有所體悟。

＊羅秀美：《天心月圓——從中國「經典名句」看人生》（ISBN: 9789865976460），臺北：釀出版（秀威資訊公司），二〇一二年七月（＊入圍一〇一年度第二期「國立臺灣文學館文學好書推廣專案」審查決選名單，二〇一二年十一月十四日）

〔附錄五〕

和古典詩人心靈對話
——羅秀美《獨心功夫》序

李瑞騰

飽讀詩書而未能與他人分享，是一件令人遺憾的事，這就是為什麼許多人願意花時間賞析古典詩文的原因，這裡面除了分享的喜悅，也另有文化薪傳的崇高目的；從接受方來看，彷彿就有一道橋樑可通遠古的創作心靈。

因此，選材很重要，當然是要選好的，有深刻意義的；進一步說，要把一些什麼作品放在一起？有一種什麼樣的類概念在其中？都必須考量。然後呢，怎麼導讀才能把寫什麼怎麼寫的問題講清楚？是否要找找一些相類或相異的作品來比較分析？如何突出對今人有啟發性的意義？這些思考都很根本，也很重要，都會影響實際的寫作；有時，作者或編輯會考慮到讀者對於比較艱難的字詞或典故等，可能有礙閱讀，因此會加以注釋，但這樣一來，會有一點教科書的樣子，不一定討好。

這樣的出版品，每隔一段期間就會在坊間出現，有時是套書，有時是單行本，有時還附有CD，滿足各方讀者的需求。中興大學中文系羅秀美老師近將出版的《獨心功夫——讀懂古典詩人的生命故事》，做的正是古典詩的活化、普及化。

秀美勤學，進出古今，於古典詩詞有長期涉獵，她在兩年多的期間，每週選讀一首七言詩詞，以其中一句為標題，每篇先指明此句出處，有時會將詩人略作簡介，有時則直接分析文本，一般來說，詩意和詩藝都會關注，也必然會放大特寫作為標題的詩句，指出其精義。

本書以「詩人心事」為重心，基本上是和古代詩人進行心靈對話，秀美自言「其間之契合冥感，自不在話下，可說是十分舒適的一次書寫體驗」，我過去曾寫過一本白居易詩賞析，也品讀過歷代絕句，頗能體會秀美所說，正因如此，我深盼這書能給愛詩的朋友帶來心靈的撫慰和人生的感悟。

＊羅秀美：《獨心功夫——讀懂古典詩人的生命故事》（ISBN: 9789863264040），臺北：釀出版（秀威資訊公司）二〇一七年二月

另一個起點

——祝賀李瑞騰老師古稀之年而作

梁竣瓘

杜鵑花接棒櫻花開始綻放的三月伊始，我回到母校中央大學赴一場由敬重的指導老師李瑞騰教授召集的小會議。博士班畢業後，雖偶爾帶孩子到中大賞河津櫻，遊中大湖或在大草皮上野餐任他們在草地上跑跳，然而再次進入陪伴我共度青春歲月的「現代文學教研室」這好像是第一次。教研室變化不大，書櫃們還是立在原來位置圍著李老師跟我們上課、討論的大桌子，只是牆上多了一幅二〇一五年「經典文本與國語文教學——第二屆琦君與同輩女作家學術研討會」的大海報；窗臺前多了一個可以投影的白板；書櫃裡的書有些從一排站成了兩排。屋裡一邊坐著二十多年來容貌絲毫未變的李老師，一邊坐著到中大剛滿一個學期，對研究充滿熱情，並像談戀愛一樣戀這個學校的研究生，那個女孩好像是我又不像是我，定定一看，噢！那是我在中原的學生，現在是中大中研所的研一生，如果李老師首肯就將成為我的小學妹。教研室的歷史在這屋子裡流淌著，而我彷彿坐了時光機回到了那段當小研究生的日子。

這幾年開始收研究生，才發現原來研究生找指導老師，似乎不是件容易的事，有時候會徘徊在A老師和B老師甚至C老師之間，又要擔心老師會不會收容自己，找指導老師變成了研究生學習之外另一門功課。不過，我當年完全沒有過這樣的煩惱，因為早在我考上中大前，嘉義農專的恩師汪天成老師就曾告訴我李瑞騰是他的同班同學，進入中大不久，我就毫不猶豫地拜託李老師收留我，還拉了汪老師的裙帶關係懇求。在中大選課修課，我也沒有花太多時間去想，只要是李老師開的課，就是我的必修課清單。研究所兩年博士班兩年修李老師課的時光，至今歷歷在目。在老師身上學習到的不只是現當代文學的知識，還有開創新研究議題的視野，而老師做學問的熱情、對前輩作家的關懷與協助以及提攜後輩的處世態度，更是我們學習的榜樣。

在研究所追求學問，除了選指導老師的關卡外，選研究主題是另一個難關。不知是專情抑或閱讀貧乏，我也是絲毫未曾猶豫就選定專科時代起便仰慕不已的作家黃春明作為研究的對象，那時我才研一。在決定方向之後不久，黃春明老師獲得一九九八年「國家文藝獎」，隨後各地的邀約不斷，一九九九年中大非常榮幸邀請到黃老師來校擔任中文系駐校作家，李老師當時負責駐校活動的規畫，並與康來新老師協同在大學部開設了「小說與社會」課程。李老師指派我擔任課程助教，於是幸運的我，有了更親近作家的機會。而這時我才後知後覺地知道李老師也是黃春明老師的資深粉絲，早在他念書時就曾邀請黃老師上華岡演講，也因此與師母邂逅。黃老師駐校的那個春天，我也發表了在李老師「文學社會學」課程寫就的〈黃春明小說之流傳——從文學傳播的觀點考察〉一文，並從這裡出發開始構建碩士論文的架構。研究的道路上，李老師就像燈塔一樣，在前方引領著非中文科班出身的我，一步步往前行。

研究所的學習，除了課堂上領受老師們的學問與治學方法外，課室外的學習也是研究生們提升能力的路徑。在中大修課那些年，兩岸關係相對穩定，交流也頻繁，一九九八年十月底北京召開「黃春明作品研討會」。那場會議臺灣有多位專家學者參加，臺大的何寄澎老師、清大的呂正惠老師還有中大的康來新老師亦受邀前往。康老師在課上問大家要不要一起去，我雖然經濟上並不寬裕，但因為是黃春明老師的會議，也只短短的三、四天行程便跟著去了。那是我第一次到中國，也第一次和黃老師見面，開會時我坐在黃老師身旁雀躍不已，老師的親和力讓我印象深刻。

作者全家與老師合照

隔年六月香港大學亞洲研究中心主辦「柏楊思想與文學國際學術研討會」，這是由李老師帶了領學姊朱嘉雯、我和我的同學鄭雅文到香港大學參加會議並發表論文。在港大不僅見到了柏老，更感受到國際級研討會的慎重與嚴謹。二〇〇一年「黃春明全集」在北京出版並召開「新世紀再讀黃春明研討會」，李老師也讓我去當小跟班，參加這場盛會。這次的會議不僅讓我看到更多面的黃春明，也認識了多位與黃老師熟稔的文壇前輩，尉天驄老師、陳映真老師、齊益壽老師、林瑞明老師、季季老師和陳信元老師。北京會議結束後，我們走訪了杭州和紹興，參觀了很多景點和作家故居，杭州西湖、靈隱寺、魯迅故居、豐子愷桐鄉故居緣緣堂、沈園……那是我難得的大陸經驗。至今記憶猶新的是李老師在沈園吟唱陸游〈釵頭鳳〉的畫面，我不但記得清楚，更在某一年刻意安排同門的大家到錢櫃ＫＴＶ聽老師引吭，並為老師慶生。

參加研討會和發表論文在研究生的生活裡是像祭典一樣的活動，而跟著老師做研究計畫則是研究生活的日常。李老師活動力旺盛，除了舉辦各種研討會和活動之外，更致力於臺灣文學史料的重建與臺灣文學的推廣，而我也有幸能成為老師的小幫手，盡一點棉薄。博士班其間協助老師執行國科會的「臺灣文學論爭史料」研究計畫、臺北市文化局的臺北研究計畫，以及教育部「大學通識教育巡迴講座」計畫。執行過程中更深更廣地認識臺灣文學的發展，也親炙了多位著名的臺灣文學作家與研究者，而這些經驗也都成為我日後執行研究計畫的養分。

儘管跟著李老師做研究學習到很多，也得到很多寶貴的資源，加上多年的兼課經驗，自認已準備好博士班畢業後投入高等教育培育人才，然而現實並不如想像中的美好。畢業後謀職不易，只能勉強在大學兼課，一年多後的某一天，李老師打電話給我說，開南大學的人文社會學院院長跟他詢問有沒有懂華語文教學的博士，他馬上想到我，問我有沒有意願去試試。其時，我第一個孩子出生才幾個月，先生覺得專任太辛苦，要我好好考慮，言下之意是希望我暫時不要去，我打電話給老師哭著婉拒，老師說他會再跟我先生談談。現在已經記不得後來先生的態度是如何軟化，但卻清楚記得李老師親自帶我到開南大學與人社院院長面試的場景。事後，老師跟我說院長是法學專家，但他並不認識，有點擔心所以才陪我去面試，而那位法學專家，是現在政大的校長郭明政先生。我在開南大學當系主任的某一天，打電話告訴老師，同門的學妹即將到我們系上服務，老師舒了一口氣說，這是我今年聽到最好的消息。我這才領悟到，李老師不僅擔心學生能否順利畢業，更掛心學生能不能順利找到工作。

到開南華語文教學研究所任職後，因為教學內容的改變，我幾乎跟文學研究斷了線，唯一還維繫住的就是黃春明老師的研究，還能保有這個連結，也是託李老師的福。二〇一二年因為李老師的推薦，我得以參與編纂臺灣文學館委託財團法人臺灣文學發展基金會執行的「臺灣現當代作家評論資料目錄」計畫，並於二〇一三年出版了《臺灣現當代作家研究資料彙編：黃春明卷》。同年，我由開南轉職到中原大學應用華語文學系，因開課的關係，才又重新回到了文學的懷抱。之後，也應李老師之邀參與了幾個為黃老師舉辦的盛會。二〇一五年十月宜蘭大學主辦的「黃春明及其文學國際學術研討會」由李老師擔任召集人，老師讓我擔任觀察報告員，總結研討會的成果；二〇二〇年十二月李老師在中央大學策劃了「黃春明週」，也讓我去陪黃老師和師母。二〇二一年十二月十九日「黃大魚文化藝術基金會」舉辦「黃春明老師獲頒金鼎獎慶賀茶會」，我有幸受邀參加，才知道李老師獲選為下一屆基金會的董事長。在那個會場，老師就跟我說他未來想做的事，並邀請我參加，於是就有了今年三月這個在「現代文學教研室」的小會議，在這個空間裡，我彷彿借了學生的身體，穿越了時空，寫下這篇文章。

李老師屬龍，和我母親同年。對我來說李老師不只是指導老師，更像是自己親人一樣，參加我的婚禮，帶領我進入職場。我敬愛的李瑞騰老師即將邁入從心所欲之年，也將從中大退休，但我總覺得李老師退休後的生活一定會更加忙碌，因於他對文學、對臺灣的深情。

作者簡介

梁竣瓘，中原大學應用華語文學系副教授。曾任開南大學數位應用華語文學系主任、華語文教學研究所所長。著有《臺灣現當代作家研究資料彙編四十二─黃春明卷》（與李瑞騰合著）。碩士論文：〈黃春明及其作品研究──文學、社會與歷史的交互考察〉。博士論文：〈中國大陸學者論臺灣文學──以小說為例〉。

眷眷師恩

——記與李老師的相處點滴

葉連鵬

庾信〈徵調曲〉：「落其實者思其樹，飲其流者懷其源。」倘若我能在學界有一點小小的成就，真的要感激李瑞騰老師的教導與提攜。

一九九二年，我考上淡江大學，雖然那時李老師已離開淡江，前往中央大學任教，因此沒能有機會見到老師，但卻常在學校聽見老師的大名，昔時中央大學有許多老師從淡江轉職過去，因此淡江的老師和學長姊就會時常提起這些老師的名字，也因此當時就對「李瑞騰教授」留下印象。

一九九六年，我大學畢業後，有幸考取中央大學中文系碩士班，終於有機會親炙李老師的風采，但其實我在碩士班的第一年並沒有選修老師的課，原因是想省點「學分費」，當時中央的研究所課程只要修習二十四學分即可，其中還有幾門必修課，扣掉必修課，每學期我可以選修的課程已經不多，因為修越多課越花錢，但又想多聽課，現實考量下，我選擇修習別的課程，而旁聽李老師的「文學社會學」，原因是我對研究文學的傾向已經相當明顯，由於研究所課業繁重，若我旁聽比較不感興趣的「義理」、「考據」等課程，很有可能半途而廢，但若選我較有興趣的「文學社會學」課程，我就能全程參與，果然後來我旁聽了整年的課，也參與了課堂報告和作業繳交，當時的一點私心，到我自己也在研究所開課後，才覺得其實並不妥當，只旁聽不選課對老師並不公平，思及此，更感謝李老師當時對我的包容。說到包容，李老師真是我見過對學生非常包容和溫柔的老師，學生程度不一，報告未必做得理想，老師總能耐心以對，盡量說出學生的優點，再委婉地點出改進之道。老師講課聲音非常洪亮，鏗鏘有力，在教室外就可以聽見他抑揚頓挫的聲音，但對學生的評點卻極其寬厚，幾乎不曾見過他訓斥學生，讓學生們上老師的課能夠有自信地學習，這需要很好的個人修養才做得到。

一九九〇年代，臺灣文學才剛在大學課堂中萌芽不久，中文系師生對臺灣當代作家的關注相對不多，李老師的研究專長是古典文學，但由於擁有豐富的媒體編輯經驗，長期關注臺灣文學發展，對臺灣作家相當熟悉，即使一般人認為較冷門的作家，老師都能侃侃而談，在「Google大神」還未誕生的年代，對我來說，老師簡直是一部行動的臺灣文學活字典，引發我對研究臺灣文學的熱情。經過一年的學習，興起了拜師的念頭，希望老師能當我的指導教授，但當時其實還未決定我的研究方向，在碩一下學期期末放暑假前，我跟老師說：「老師，我想請您當我的指導教授，可是至於我要研究什麼？還要再想想。」當時的考量是這樣的，我雖然對研究臺灣文學相關議題有興趣，可是那時候臺灣文學研究才剛開始，中文學界對臺灣文學還不太「友善」，研究臺灣文學，很有可能影響我的前途，記得當時有熟識的學長告訴我：「做這個考不上博士班。」這讓我非常猶豫，因為繼續攻讀博士是我當時的人生規畫，找老師時，跟老師提過幾個方向，都被老師否決，我只好跟老師說：「您先答應當我的指導教授，至於研究題目，讓我利用暑假回澎湖期間好好想一想。」還好得到老師的應允，然而整個暑假過去了，始終猶豫不決，碩二開學前，在澎湖機場遇見母校馬公高中林文鎮老師，與他談起研究的方向尚未決定，林老師建議我：「澎湖開發已數百年，很多文獻資料沒人整理，你為什麼不嘗試看看呢？」本來為未來前途思考的我，瞬間被為家鄉奉獻的使命感給取代，由於當時我已經考取教育學程修習資格，就抱著退而求其次的心理，倘若進不了大學教書，至少也還可以到中學任教的「犧牲」精神，決定為家鄉（澎湖）文學拚了。然而也不免懷疑，以「澎湖文學」為題，這根本是冷門中的冷門，李老師會同意嗎？一開學，我立刻去找老師談我的新想法，沒想到老師一聽就說好，大大地出乎我意料之外，我還怯怯地說：「可是我們澎湖好像沒什麼知名作家，我只認識《臺灣文學史綱》提到的蔡廷蘭和呂則之兩位，這樣可以嗎？」老師告訴我，「跟澎湖有關的作家不只這兩位，何況，那些不夠知名的在地寫作者，更能凸顯當地的特色，這是可行的方案。」有了老師的背書，我終於下定決心全心投入澎湖文學的研究，決定方向的消息傳出，陸續有同學和學長帶著懷疑的眼光質疑我的決定，但那時我已經決定豁出去了，一邊修習教育學程，一邊蒐集研究資料，研究過程雖然辛苦，但我覺得很有成就感，老師還推薦我去參加國立中山大學舉辦的「海洋與文藝」國際學術研討會，以一個全場最低階的碩二生，在國際研討會上發表論文，這人生的第一次，不只讓我開了眼界，也鼓勵了我往學術研究道路繼續前進的信心。才過不到一年，隨著本土化思潮崛起，學界的風向大大轉變，臺灣文學逐漸成為顯學，研究聲量大大提升，發表論文管道激增，讓我累積不少篇單篇論文，後來也順利考上博士班，現在想起，真的很謝謝老師當時推了我一把，讓我後來走向區域文學和海洋文學的研究領域，成就了現在的我。

我要拜師前，老師在中央大學收的研究生都是女生，有人半開玩笑地告訴我說：「李老師收的學生都是美女喔！你是男生耶！」言下之意是我可能會被拒絕，我一笑置之，其實老師到中央前，已經指導過許多研究生，且學生來源相當多元，有臺師大、淡江、文化、

2019年5月，我們全家在中央大學圖書館與老師的合照

東吳等校，其中早就有指導過許多男學生，例如我們李門的大師兄張堂錡學長、黃憲作學長、翁聖峰學長、傅怡禎學長等，還好老師沒有拒絕我，因此我有幸成為老師在中央大學所收的第一位男弟子，後來堂錡學長發起每年幫老師慶生的聚會，眾多弟子齊聚一堂，大家都稱堂錡學長為大師兄，因此我常開玩笑稱自己是「中央李派大師兄」，後來又有陳政彥、顧敏耀等學弟加入，壯大男弟子的陣容，雖然李門至今一百多人，「女將」還是主力，男生相對較少，或許是老師與師母夫妻感情甚篤，老師對師母的溫柔，學生都看在眼裡，女學生更能安心拜師吧！

李老師給人的印象就是永遠活力十足，而且雄才大略，這應該從他學生時代開始就是如此，腦筋動得快、點子也很多，很會辦活動，我們都知道老師和師母的浪漫邂逅，正是因為李老師辦了場黃春明的演講會，才促成了後來的美好姻緣，所以老師除了教書之外，也多方參與編輯、出版、辦研討會等文學活動，長於行政事務的特質，讓老師一路擔任許多行政工作，系主任、院長、圖書館館長、臺灣文學館館長等，而且每一個職務都卓然有成，我們這些弟子雖然能力上無法與老師相提並論，但也深受老師影響，就有人說：「李瑞騰的學生都很會辦活動。」或許這是潛移默化的結果。

或許是長期擔任行政工作的關係，李老師總謹守分際，不該說的絕不會說，記得我考博士班那年，母親已經病入膏肓，從高雄長庚醫院，透過直升機後送回澎湖，在澎湖海軍醫院度過最後的日子，之前在她還能說話前，她就很關心我考試的結果，但因為尚未放榜，我無法給她一個放心的答案，後來她病情急轉直下，插管送回澎湖，即使在加護病房中，我知道她還關心此事，因此雖然知道李老師應該不會透露消息，我仍然試著打電話給老師，詢問考試的結果，老師是當年的口考委員之一，我相信他應該知道答案，可是老師卻守口如瓶，不告訴我結果，要我等學校放榜，我雖然心裡著急，卻也能理解老師處事的態度，只能繼續等待，希望來得及讓母親安心，而母親似乎也在努力撐著。好不容易等到學校放榜後，我確認考上博士班，加護病房開放探視的時刻，我迫不及待跟母親報告這件事，母親含淚點頭，似乎是放下了一顆心。然而我們才剛離開加護病房，母親的身體狀況卻出現了變化，醫院通知我們可以將母親接回家中拔管，當天母親就離開了我們。從這件事情看來，李老師雖然對學生和善，也很提攜學生，但也很嚴守倫理分際，並不徇私，難怪能勝任要職，受人肯定。

我的碩士、博士論文都是由李老師指導，後來我的未婚妻慧鳳也考上中央的博士班，在我的推介下，也拜李老師為師，夫妻皆為李門弟子，在老師指導的一百多個研究生當中，我們應該是唯一的一組夫妻，李老師一路看著我成長、結婚到成為三個孩子的父親，從生澀的研究生到成為大學的副教授，二十幾個年頭過去，轉瞬間老師竟然也已邁向古稀之年，然而在我心中，老師一點都沒有老，還是我初識他時，那樣聲音洪亮、笑容滿面、意氣風發，相信退休之後，老師還是會繼續活躍於文壇，為社會做出貢獻。身為他的弟子，除了感恩，也帶有與有榮焉的驕傲。

作者簡介

葉連鵬，一九七三年生，澎湖人。國立中央大學中國文學系博士畢業。碩士論文〈澎湖文學發展之研究〉和博士論文〈臺灣當代海洋文學之研究〉均為李瑞騰教授所指導。曾任教於中山醫學大學臺灣語文學系，現為國立彰化師範大學臺灣文學研究所暨國文學系專任副教授。著有《澎湖文學發展之研究》、《蔡旨禪集》（選注）、《從西瀛到磺溪——區域文學論集》。主要研究領域為區域文學、海洋文學、臺灣文學等。

千言萬語道不盡

尹子玉

一九九〇年，瑞騰老師創辦《臺灣文學觀察雜誌》，那其實是我們師生緣分的起點，只是那時，我們還不知道。

一九九三年考完聯考，家父與我一起編排大學志願順序，他希望我念歷史系。我從小就被他盛名所累，雖然志在文史，但真要念歷史系，想到每一位老師都與父親、母親有淵源，好似每天活在父母的眼線下，這樣過大學生活，實是心驚膽跳，比起歷史系，讀中文系肯定讓我更自在。父女倆討論了半天，最後決定以歷史系、中文系間隔排列的方式填寫，家父細細分析各校師資，把他認為師資較好的公私立中文、歷史系排上，剩下的便交給老天爺做決定。

最後榜落中央中文，而非原本預測的政大邊政，家父難掩失望，雖然我記得他說過中央中文的師資非常好，還舉了好幾位老師的名字；在文建會任職的小叔叔，聽說我上中央中文，興奮地直誇中央中文的師資是中文學界數一數二，父親與叔叔的談話間不斷出現「李瑞騰」、「臺灣文學」、「現代文學」等關鍵字，兩人囑咐我，上了大學一定要找「李瑞騰」老師，做現代文學研究。這怎麼可能？我逃都來不及了，還認親呢？禮貌性地對叔叔點頭說好，轉頭就叮嚀父親，千萬別對你那些中央歷史的朋友和徒子徒孫提我；在隨便走都能撞見某伯伯、某叔叔、某師兄的中央校園，就算家父很委屈地隻字未提，我的身家消息還是很快傳開了。

大學二年級必修李瑞騰老師的中國文學史，第一堂課便戰戰兢兢，深怕老師對我露出「會心一笑」，早早就到教室前排坐定。李瑞騰老師點我名字時，停頓了幾秒鐘，我嚇得半死，李老師只悠悠吐了句：「這是春秋戰國時代的名字」，全班哄堂大笑，我鬆了一口氣，卻非常佩服老師的睿智，自此之後，「春秋戰國時代的名字」便成為我自我介紹的常用語。返家告知父親此事，他龍心大悅，將「春秋戰國時代的名字」視為李瑞騰老師是他知音的鐵證之二，因我的名「子玉」，確實來自春秋戰國時代楚國將軍之名；而李瑞騰老師是他知音的鐵證之一，則是《臺灣文學觀察雜誌》，李瑞騰老師邀他在創刊號上發表了〈什麼是臺灣文學？臺灣文學往那裡去？〉一文，身為歷史學者，受現代文學重鎮之邀，在具有開創性的臺灣文學雜誌上發表文章，是莫大的榮耀與肯定，肯定他有跨足歷史與文學的實力。家父興奮地拿出《臺灣文學觀察雜誌》，告訴我這是一本具有指標意義的雜誌，要我好好閱讀，接著述說了一整晚李瑞騰老師在文學上的各種建樹（當時對文學界完全無知，詳細內容已不記得，只記得文訊跟文工會），說就是因為有李瑞騰，才讓你去念中央，以後一定要跟李老師好好學習云云。

我深知瞞得了一時，瞞不了一世，用心地上文學史課程，上學期拿到全班第一或是第二高的八十七分，即使當時李老師根本不知道我是誰，仍然難免有同學閒言閒語，說大概因為老師跟我父親是朋友，所以給高分。到了下學期，一切真相大白；開學沒多久，一日課堂休息時間，瑞騰老師欲言又止地喚我出去，在文一館的中庭，問我父親之事，說不好意思現在才曉得，是聽我在文建會任職的小叔叔提起，再跟系上其他老師確認，方知道我在班上。當時許多同學在旁邊都聽到了，李老師遲至下學期乃知我身分，何來故意給高分之有，等於是還了老師跟我的清白；下學期文學史，老師同樣給八十七分，但論排名，不到班上前三名，我反而放寬了心，跟同學說，你們看，老師知道我是誰，倒避嫌給我低分了。自此之後，李老師的課，我堂堂必修，不再懼怕老師朋友女兒之名；大三申請國科會大學生專題研究，請老師擔任指導教授，成功獲得補助，接著碩士、博士，也都受老師的指導獲得學位，畢業後的博士後研究、開大教職，一路走來，不論生活上或學習上，每一階段都受到李老師的庇蔭。還記得大學畢業後，在穩定的中學教職與未知未來的研究所間難以抉擇，我在迷惘中詢求瑞騰老師的意見，他笑著回答：「一個大學時期就能自己找題目做專題的人，如果不適合念研究所，還有誰適合念研究所？」這句話，一直鼓勵著我走向求學之路。

子玉文筆拙劣，遲遲不敢為文祝壽，但有些事情，現在不寫，一輩子都不會說的，而且老師知道我文筆不好，也不是一兩天的事了。對老師的感謝，千言萬語道不盡，思來想去，只能寫些老師肯定不知道，或不記得的小故事。現在子玉離老師的腳步尚且遙遠，期待老師九十歲大壽時，子玉能像葉榮鐘寫林獻堂一般，寫一篇杖履追隨四十年的好文。

最後，祝福老師七十歲生日快樂！

作者簡介

尹子玉，國立中央大學中國文學博士。從大學專題研究到博士論文俱受李瑞騰老師指導：國立中央大學中國文學研究所博士學位論文〈葉榮鐘詩稿研究〉、碩士學位論文〈「臺灣文學經典」論爭研究〉、國科會大專學生參與專題研究計畫〈葉榮鐘文學研究〉。

北勢湳與牛屎崎文史雜俎

——為恩師榮退誌慶與古稀祝壽

顧敏耀

北勢湳，在今南投縣草屯鎮之北勢里與御史里交界一帶，位處草屯平原地帶之北鄙，且為舊烏溪河道之氾濫平原，地質濕軟，故名（註❶）。

緊鄰北勢湳西側的牛屎崎，屬草屯御史里，位於茄荖山弧丘西南麓河階，因往昔茄荖山上為放牛之牧場，牛隻由平原經此河階而上山，十分吃力，多在此斜坡上排遺，故名（註❷）。

此二處於清領時期屬彰化縣北投保，皆由洪姓先行入墾。在一八三六年（道光十六年）成書之《彰化縣志》即有提及「北勢湳」，該書卷二〈規制志．水利．泉〉記載：「半壁泉：在北投保北勢湳莊青牛埔山崁。半壁泉從石罅湧出，味極甘美，里人乏井，皆往汲焉。雖旱亦湧，灌田十餘甲，名曰：石壁飛泉」（註❸），半壁泉現址位於北勢里之茄荖山東麓，為烏溪南岸一小支流，又分為東西二泉，昔時水勢甚大，東泉淙淙似鑼聲，西泉咚咚似鼓聲，人稱「東鑼西鼓」（註❹）。

一八六二年（同治元年）戴潮春抗官起義，北勢湳殷戶洪欉（人稱「洪六頭」）起兵響應，受封大元帥，初時進展順利，攻占彰化縣城之後，洪欉甚至還將縣衙的木料拆下，運回北勢湳建造自家樓閣。可惜後來戴軍陣營攻勢往北受阻於大甲，往南受阻於嘉義，僵持日久，遂予官府可乘之機，陸續將各個勢力逐一擊破（註❺）。北勢湳因「山路崎嶇，有險可守」（註❻），洪欉部眾屢次擊退官兵，可惜牛屎崎被攻占，糧道遭截，外援亦斷，後繼無力，在猛烈炮火中，洪欉英勇戰死（註❼）。此二處遭此兵燹，幾乎被夷為平地，經歷多年，洪姓族人休養生息，才慢慢重建家園，仍為當地第一大姓，李姓次之（註❽）。

這兩處聚落在當年之所以能夠發展起來並且成為兵家必爭之地，與其扼守烏溪南岸，掌握重要灌溉水源有密切相關，在十八世紀即開鑿水利設施「險圳」（又名「北投圳」），《彰化縣志》有云：「險圳：在南北投保，源從烏溪分脈，至茄荖山，穿山鑿石數十丈，流出灌溉七十餘莊之田。乾隆十六年（一七五一）（註❾），池良生開築，里人名為：石圳穿流」（註❿），民間相傳當時開鑿工程中曾發生崩塌意外，共有六人與一狗犧牲，乃在烏溪橋畔興建「水德七將軍廟」以祭拜之（註⓫）。

在日治初期，因遭逢颱風暴雨，圳道毀壞，乃於一九〇四年（明治三十七年）由總督府補助經費興建「北投新圳」，圳頭改在雞菜崎，經北勢湳、牛屎崎、匏子寮、草鞋墩等，開鑿新圳路，翌年竣工（註⓬）。宦遊本島的漢詩人館森鴻（號袖海）有詩〈觀北勢湳新圳〉

（註⓭）紀之：

鑿山疏水已成功，灌溉田園萬頃中。禹績洋洋難比擬，盡夫人力繼神工。

民政長官後藤新平（號棲霞）亦作〈觀北勢湳新圳工事次袖海韻〉（註⓮）云：

雨讀晴耕聖代工，開渠漸次達山中，烏溪萬古流長在，潤澤咸歸治水工。

該水圳的灌溉面積大幅增加，惠澤廣大農民，不僅是草屯重要灌溉設施，更是日治時期本島重大水利建設之一，詩中對此工程之盛讚，洵非虛言。當時報紙亦有報導〈草鞋墩險圳之餘澤〉：

南投廳下。草鞋墩之險圳工事。在佳柔崎庄分歧於烏溪。環繞於茄荖之東南。注於草鞋墩之舊圳。其工費須十萬三千圓。亦世人之所深知也。然其後灌溉之甲數亦增加。地價又騰貴。該地街庄民喜甚。乘此機。議分歧圳於牛屎崎庄。即以舊險圳繞諸茄荖山之西北。灌溉於牛屎崎庄一部。然此新險圳。繞該山之東南。直流下於草鞋墩。則牛屎崎之田園。得受其

北投新圳北勢湳段今貌。顧敏耀攝於2022年4月。

灌溉。自無乾涸之憂。於是街庄民自投三千二百圓之工費金。自茄荖山南部分歧。開鑿下圳。又彼等不甘。更決議從草鞋墩向營盤口。分歧新上圳。工費金醵出一萬圓。其工事已著手。不日自能竣工。此灌溉之便。可普及北投堡。一帶水田。增加有一千八百甲。又地價亦騰貴多少。從來該地水田一甲五百圓。乃至六百圓。自險圳改修後。一甲增至八百圓。又從來該地之水田。僅種早稻。迨險圳修後。灌溉利便。則連晚稻。亦可收穫。故一甲地價。躍登二三百圓。該地水田總面積。有一千八百甲。價格增有五十四萬圓以上。如是。則北投堡居民之豐富可知矣。（註⓯）

可見此水圳及其分支對於當地農業之貢獻甚大。在一九九九年九二一大地震時，北投新圳受損嚴重，業經南投水利會修復，唯北勢湳段因水道隆起，改為埋設混凝土管，上方明渠則設置蓮花池、生態池、戲水池、涼亭等，供民眾遊憩。

在北勢湳與牛屎崎一帶，也是遠眺欣賞臺灣中部名山「九九峰」（又名「火燄山」）的極佳地點，以此角度遙望，山勢拔地而起，峰峰相連，宛如屏風，此殆為附近道路以「玉屏」為名之由來耶？《彰化縣志》記載：

火燄山：在縣治東五十里。夾貓羅、貓霧二山為之左右，峰尖莫數，秀插雲霄，狀若火郯。樹林茂密，上多松、柏。其下為烏溪之流所經。山半有蝙蝠洞，其蝙蝠多且大。山上有池，周圍數丈，雖大旱水終不涸。相傳池中有文龜，天欲風雨，文龜見於水面。其峰尖銳若削，曙色初開，霞光燦爛。郡志謂：「郯峰朝霞」，即邑治舊八景之一。諸志所云：九十九尖，亦指此山也。（註16）

因其形狀奇崛，在清領時期即有相關詩作，如遊宦文人陳學聖〈九十九峰〉：「山勢排空一望遙，天然點綴筆難描。誰將玉筍林林立，都把瑤簪插九霄」（註17），譬喻生動，饒富趣味。彰化文人吳德功亦有〈九十九峰歌〉（註18）：

火焰山高衝牛斗，中列奇峰九十九。丹崖赤嶂錯落排，疑是巨靈細分剖。玲瓏眾笏碧參天，天梯石棧凌雲煙。東升朝日穿山出，槎枒木梳空際懸。一峰未盡一峰起，山光爍爍難迫視。巉岩羅列錦屏開，岁崱高撐玉筍峙。高低樹木鬱參差，峰容點綴景爭奇。松柏樟楠皆挺秀，繼長增高勢彌危。嶙峋怪石懸崖立，傴僂罄折向人揖。夕陽返照光回射，俯壓培塿何岌岌。噫嘻宇內多名山，海外得此真奇觀。聲教何時化蠻貊，攜筇直上雲之間。

由早晨朝曦照耀而山光爍爍，至夕陽西下而山影遮蔽旁近小山，亟寫其色如火焰而高聳入雲，描摹手法多元而充分營造歷歷在目之感。若能親臨此二聚落，遠望九九峰之奇景，諒能瞭解古人之誠不我欺也。

在此山明水秀而景色怡人之處，乃有一巍峨堂皇之廟宇「永安宮」，為北勢湳與牛屎崎居民之信仰中心。在正門右側牆堵，銘刻其沿革云：

> 民國八十四年，歲次乙亥之冬吉日，草屯北勢湳永安宮重建竣工。落成之喜，信徒同慶此景觀之巍峨，文彩之璀璨，因敘其始建重建之緣由，以告鄉親，並垂諸後代子孫。
>
> 其始建也，蓋在臺省光復之初。

永安宮今貌。顧敏耀攝於2022年4月。

據吾鄉父老口耳相傳，暨有關文獻記載，所奉主神觀音佛祖，乃鄉賢洪公志忠由福建漳州迎請來臺奉祀，初在今芬園一帶，時為清初康雍年間（約西元一七二三年）。其四世孫洪櫳（洪六頭）於同治初響應彰化戴潮春之反清，以北勢湳為大本營，部眾所奉祀即觀音佛祖。其後由莊民擲杯筊選爐主以供奉，以迄臺省光復，民受其惠，福澤綿延，加之神靈濟世，遠近馳名，鄉紳蕭朝川、洪俊極、洪強等遂倡議建廟，以利祭祀，以親嘉會，普獲村民認同，乃出錢出力，勘擇溪圳二水交會之處，於民國三十六年建成土角厝廟，顏曰「永安宮」。

民國七十九年，村中父老以舊有廟宇已不敷使用，乃有重建之議，時風調雨順，物阜民豐，經委員會精心擘畫，地主獻地，各方競相捐輸財務，戮力營造，歷時五載而成，總工程費達三千餘萬元。新廟之造型，典雅壯麗，簷壁雕像，栩栩如生；楹柱聯對，情采雙美。擇此巍然煥然之永安新宮，必將近悅遠來，人文薈萃；觀音佛祖及所祀眾神，更加庇佑鄉民，使之永世其昌也。

將此廟宇之主神之香火緣由、相關人物之史蹟、廟宇初建與重建之年代、倡議之鄉紳等，言簡意賅而條理井然地敘述清楚，文末則以頌讚祝禱收束，歸納全文而照應全篇，有畫龍點睛之效。此即吾師之手筆也。

廟宇雕梁畫棟，刻有許多對聯，其中正殿左右柱聯為：

古往今來崇山作玉屏觀音普渡南投客
天長地久流水如銀帶聖母永安北勢人

上聯的崇山作玉屏，無疑即九九峰，而下聯之流水如銀帶，或可指北投新圳，或可指烏溪。以「南投」對「北勢」，鑲嵌廟名「永安」對「普渡」，對仗十分工整穩妥而有巧思。此亦吾師所撰也。

今年，老師由國立中央大學文學院長榮退，又逢古稀壽慶。回憶從大學開始受業帳下，繼而碩士、博士迄今，倏忽已廿餘年，多蒙教誨，領受師恩甚深，不揣淺陋，謹爬梳整理老師桑梓故里之相關史料文獻而撰述成文（註⓳），為老師誌慶與祝壽。

註❶：洪敏麟，《臺灣舊地名之沿革・第二冊・下》（臺中，臺灣省文獻委員會，一九八四），頁四五四。
註❷：洪敏麟，《臺灣舊地名之沿革・第二冊・下》，頁四四五。
註❸：周璽，《彰化縣志》（臺北：大通書局，一九八八），頁五十八。
註❹：呂士朋等，《草屯鎮志》（南投：草屯鎮志編纂委員會，一九八六），頁八七二—七三。
註❺：可參閱：林豪原著，顧敏耀校釋，《東瀛紀事校注》，臺北：臺灣書房，二〇一一。
註❻：丁曰健《治臺必告錄》（臺北：大通書局，一九八七），頁五〇七。
註❼：丁曰健《治臺必告錄》，頁五一四。文中「牛屎崎」作「牛峙崎」。
註❽：洪敏麟，《臺灣舊地名之沿革・第二冊・下》，頁四五四。

註❾：關於此水圳之開鑿，近年史家根據民間契約文書考證，應為一七四三年（乾隆八年）由北投社土目葛買奕，委託漢人吳連倘或吳連登所開，見陳哲三〈清代草屯地區的水利〉，《逢甲人文社會學報》，第八期，二〇〇四年五月，頁一四九—一八一。

註❿：周璽，《彰化縣志》，頁五十七。

註⓫：張志相，〈臺灣烏溪流域「七將軍廟」源流考論〉，《逢甲人文社會學報》，第十四期，二〇〇七年六月，頁一七三—二〇四。

註⓬：呂士朋等，《草屯鎮志》，頁五六四—六五。

註⓭：《臺灣日日新報》，一九〇五年七月八日，第一版。

註⓮：《臺灣日日新報》，一九〇五年六月二十日，第一版。

註⓯：《漢文臺灣日日新報》，一九〇六年三月二十一日，第三版。

註⓰：周璽，《彰化縣志》，頁十二。

註⓱：周璽，《彰化縣志》，頁四九一。

註⓲：施懿琳主編，《全臺詩》第拾冊（臺南：臺灣文學館，二〇〇八），頁四〇八—〇九。

註⓳：筆者故鄉為臺中霧峰，與草屯僅一橋之隔，祖父生前任職南投水利會，有位姑婆也嫁到草屯，祖母則是出身烏溪北岸之霧峰萬斗六，撰述本文，備感親切。

作者簡介

顧敏耀，出身臺中霧峰與南投埔里，畢業於中央大學中文系、碩士班、博士班，曾任桃園農工、清華高中、育達高中教師、中央大學兼任助理教授、臺灣師範大學博士後研究員、臺灣文學館副研究員、中興大學專案助理教授等。曾修習李老師的「中國文學史」、「文學社會學」、「中國近代文學專題研究」等課程，碩士論文〈陳肇興及其《陶村詩稿》研究〉與博士論文〈臺灣古典文學系譜的多元考掘與脈絡重構〉亦皆由李老師指導。

輯三

點點滴滴感謝師恩

許玉青

大學寒暑假，我都會參加一至三個營隊活動，其中至少會有一個文藝營。

七月豔陽吻過大面積落地窗，熱情貼上教室裡每位學員臉龐，臉龐各個兒泛著文青神色。秒針滴滴答答又答答滴滴，跟學員期待的心跳合拍，夏季悶溽加濕了教室冷氣重量，在等待一堂課開始的時間裡，有的人左顧右盼起來，有的人左右細聲聊起天來，有的左右瞟眼，有的人對著天花板或白板發呆，我坐一個角落，適當地把自己低調成一行詩裡的句點。

一位老師悄無聲息地從後門走進來，由於坐在教室最後端，我只得目視他的背影，直到他走到臺前轉身，學員們看著西裝筆挺老師，正襟危坐起來。老師沒先和大家打招呼，開始說了，今天是新詩的課，詩是什麼？詩是一種對美的認識，詩人之所以是詩人因為美感不同於一般人，接著問，什麼是美感？一群文青屏氣凝神像在紐約第五大道跨年倒數等待時代廣場水晶球打開彩帶紙雪花般飄落那刻。老師沒有回答，反而走到窗邊，推開窗戶說：我推開窗戶看見窗外一片美景，這是一般人；接著說道：窗外陽光揭開我的眼睫，美景映照眼簾，這是詩人，這裡面有詩人的美感，學員們輕輕地點點頭，彷彿瞬間獲得上帝頒贈天堂鑰匙。

當學員們眼睛跟著課堂老師身形從講臺移向窗邊，又從窗邊移回講臺，我拿起學習手冊，翻到今天學習課表：新詩寫作，授課教師：李瑞騰。很奇怪，人生有些事我們怎麼也記不住，而這好久好久以前的事兒，我怎麼就一直忘不掉！

七月，陽光穿透綠樹灑落在成片綠色草坪。車駛過幾棟不知名大樓停下來，我們先在校園散步，這綠意盎然校園使父親母親感到愜意，他們繼續校園巡禮，我獨自前往說明會。以一般生榜首考取碩士班，再見到幾年前文藝營的李老師，是在碩士班新生說明會，我覺得這位教授很眼熟，心裡一直想：哪裡見過面？老師還是西裝筆挺斯斯文文，為新生介紹學校種種。這是我第二次見到李老師，這次不是文藝營講師，是系主任。

我因領取榜首獎學金，必須工讀，選擇在「現代文學研究室」值班，現代文學研究室裡儲藏近現代文學諸多重要書籍，是個有特色圖書庫，在值班兩年時間裡，我急著去閱讀這些書，一櫃又一櫃讀過去，想把書架上書籍全部讀完，彷彿置身近現代文學圖書館，李老師的課就在這間研究室。老師第一學期開的課是「現代詩專題」、第二學期「臺灣古典詩專題」，剛上研究所，在這樣有特色的研究室上課，覺得很有意思。一學期現代詩專題洗禮，一學期古典詩歌專題，使我對臺灣文學內涵有基礎掌握。

時光荏苒，人事多變。在選擇碩士論文題目時，老師當時給我兩個題目，一個是陳永華；另一是甫出版的《全臺詩》（二〇〇四，臺灣古典詩歌）。我考慮了兩天，也查考一些資料，覺得自己無法將陳永華研究做好；而對於古典詩歌則比較喜歡，覺得自己生命情愫受古典文學潤澤始終較為深刻，所以選擇古典詩歌。星期一去見老師，說我選擇古典詩，一來也因曾跟著老師修過臺灣古典詩歌專題，心裡踏實些。老師立刻把架上最新出版的一套《全臺詩》四冊拿給我，讓我帶回去讀，想想看有什麼有興趣的題目可以做。拿到手時是二〇〇四年六月，翻到版權頁一看，二〇〇四年二月出版，這意味著我有許多基礎工夫要做。之後，老師給我無限自由去開創碩士論文。

取得碩士學位，父親很是高興，要我邀請老師，請老師吃飯。當時父親執意要選一間大餐廳，但老師說不必豪華昂貴，能坐下來吃吃飯說說話就好，如今想來，在臺師大耕讀園用餐，還是沒辦法回報師恩，不過，店裡的環境氛圍總算是配得上老師儒雅氣質。爾後，若是我要參加老師生日聚會，父親總會要我帶個禮物給老師。父親在六年前辭世，我若是聽到老師生日聚會消息，總會想起父親叮嚀：記得給李老師準備個禮物！

在政大讀博士班時，因外子規劃前往美國進修博士學位，我得積極規劃在去美國前取得博士候選人資格，帶著學位論文飛往美國。猶記，在飛美國前，外子與我前往拜見老師。老師帶我們在東區一間大飯店用豪華早餐，席間聊了許多、叮嚀許多。餐後，老師帶外子和我參觀他的書房，我們進到屋內，老師開燈我們倆一看都驚呆，老師口中書房，簡直是個現代文學圖書館，這裡藏書量，比「現代文學研究室」多上四倍不止，我想：一個文人、一位學者，讀書愛書藏書，正是這般寫照，令人敬佩欽慕。老師說：要照顧這些書也不容易，臺北市潮濕，書不易保存。這次聚會，老師送給外子一個領帶，外子無比珍惜，感念至今。

從美國回來許多年，偶然一次打開許多年都沒有使用過的YAHOO-EMAIL，看到老師生日聚會消息，才又參加聚會。這幾年，疫情影響不易聚會，要親見到老師也不容易。疫情趨緩後，我想要請老師好好吃飯，至少一頓大飯店豪華早餐，或是爸爸曾經要訂的那大餐廳的聚餐。

在生活中，我是一個低調的句點，不擅長聊天、交際，怕麻煩別人。老師曾在一篇文章說過，學生有很多種，有的會在身邊，有的不會在身邊繞來繞去，我是後面這款。但是，看著老師文章，感受到老師總要緊著學生、惦著學生。

回想往事點點滴滴，對老師的想念時不時升起。有時遇到困惑未能決疑，就會想：如果是李老師，老師會怎麼做？以此來提供自己決定事情方向；有時看到珍貴物品，就想：好適合寄給老師；有時吃到美食，就想到父親說的那句話：記得給李老師準備個禮物！

在學術場合遇到老師約莫已是七年前黃春明學術研討會上，老師是我在現代文學、臺灣文學領域的啟蒙和領航者，而我眷戀古典文學，所以始終沒有在現代文學研究上著力，黃春明的研究是我第一次用心的一篇現代文學研究，算是感謝師恩。

老師在現代文學、臺灣文學領域貢獻卓越，在老師七十大壽之際，致上最誠摯感謝，感謝師恩，祝老師生日快樂，平安健康。

作者簡介

許玉青，國立政治大學中國文學博士。研究領域：地理、空間與越界，教學領域：古典文學、全英語、華語教學、修辭學和臺灣文學。碩士論文題目是：〈清代臺灣古典詩之地理書寫研究〉。

敬老師

鍾怡彥

二〇〇七年博士班放榜後，興奮打電話回家，告訴父親考上中央中文博士班，父親馬上跟我說：李瑞騰老師在那裡，可以找他指導。新生說明會時，既期待又害怕，李瑞騰老師到底是怎樣的人，原來老師那麼和藹可親，又聽到老師和煦的說話聲，不安的心情，總算靜下來，跟老師表明身分後，即牽起了這段師生情誼。

在老師七十壽誕前，我想敬老師，感謝老師協助出版《鍾鐵民全集》。二〇一一年八月，父親突然過世，他的遺願是希望能出全集，父女倆曾討論過要如何編輯，但尚未決定前，他就離世了，留下不知所措的我。以前雖有編輯《鍾理和全集》的經驗，但主要還是父親在背後幫忙，自己從來沒有主導過。現在事情來得突然，不知如何著手，心裡十分慌亂，編輯事物繁雜，要編目又有版權問題。正當無所適從時，某天夜裡夢到父親，記得我還在夢裡跟他吐苦水，遇到很多困難，他示意怎麼不去找李瑞騰，醒來時老師的名字深刻印在腦海中，父親的托夢讓我有了方向，趕快去找老師。老師果然很厲害，馬上解決了我的煩惱，老師拿了好幾本全集給我參考，我們討論了目錄排序，最後決定先分文類，有作品集的依作品集的出版時間排序，沒有的再依發表時間排，作品集中重複的作品，則放在首次出版的地方，在目錄上加以說明，目錄定了，後續就能順利進行。至於作品集的版權問題，分屬在幼獅、三民，老師提供了出版社總編輯的聯絡方式，讓我可以順利聯絡上，並取得授權。老師還指示臺文館協助，直到整個全集出版。若沒有老師的幫忙，還真的不知道該怎麼辦。

二〇一一年底，學校天文所打電話說「鍾理和小行星」命名已通過，要找地方發表，令我們又驚又喜，首先就想到老師所在的臺文館，那裡是再適合不過的了，果然老師很快就同意在臺文館辦。隔年三月，與老師及葉老師開籌備會，商談發表事宜。八月四日，「鍾理和小行星」在臺文館隆重發表，由李老師代表臺文館受贈「鍾理和小行星」銘版，整個儀式令人感動，我想父親冥冥中自有安排，《鍾鐵民全集》、「小行星」發表，李老師皆幫了很大的忙。

「鍾理和小行星」發表籌備會議

最後，想要致上最大謝意的是論文指導。自己並不是一個很勤奮寫論文的學生，總是能拖就拖，而老師從不給壓力，也不會盯進度，信任我可以將論文寫完，反倒是自己覺得好像不夠努力，有時見到老師會很不好意思，常躲著不敢見老師，像老師的慶生會，論文沒寫出來怎敢去參加。論文拖到最後一年，父親的全集已經出版，女兒已上幼兒園，論文資料亦蒐集差不多了，沒理由繼續鬼混，該要振作寫論文，才加緊趕工。然而，老師借調到臺灣文學館擔任館長，一星期只有短短時間在學校，只能趁老師回校上課時，去教室門口等老師，還好老師沒嫌煩，辛苦幫我看論文，因為是做地誌書寫研究，老師給了我很多意見，如看看能不能拿到空拍圖，在論文中加入實景照片，會更有說服力，而且會很有特色。然而照片蒐集真的很不容易，加上時間緊迫，只能放棄，改用地圖來標示。這段趕論文的日子，雖然很辛苦，但每週能跟老師一起討論，覺得很開心，受益非常多。

父親在世時，我們常常討論文學，有不懂會直接詢問父親，所以父親突然過世，讓我頓失依靠，一個人待在臺北，親友幾乎都在南部，雖然文學界的長輩都很親切，但因不常聯絡，不好意思麻煩他們，全集編輯、論文寫作遇到困難都不知道要找誰，還好有老師在，常常關照、支持著我度過最艱難的日子，像父親般地給予意見，包容我的懶散，讓我有精神依靠。老師，真的非常感謝您，在此，敬老師！

作者簡介

鍾怡彥，生於高雄美濃。中央大學文學博士，現為中央大學兼任助理教授、臺北商業大學兼任助理教授。由李瑞騰老師指導博士論文〈美濃作家的在地書寫研究〉。擔任多屆「阿公店溪文學獎」評審。主編新版《鍾理和全集》、《鍾鐵民全集》、《鍾鐵民小說選》、《鍾鐵民散文選》。單篇論文有〈鍾理和文學中的飲食書寫〉、〈鍾鐵民文學的農村圖像〉、〈臺灣文學南北兩鍾書信研究〉等。散文有〈艱困年代的好滋味〉、〈從土地出發——漫談客家書寫〉、〈客家人个滷鹹淡〉等。

桃李不言，下自成蹊

黃慧鳳

大學主修中文系、輔修資管系的我，並不是那麼正統的文學系學生，更非他人眼中兼擅琴棋書畫的文藝青年，然而浸潤在師長的春風雨露裡，逐漸向文學靠近，有幸在大學一畢業就成為系上的助教，並在經濟相對寬裕後再度進入中研所就讀，持續往文學的道路前行，也為學術研究打下了根基。

考上中央大學博士班後，我處於一週工作六天的生活樣態，能夠上課的時間相對有限，也格外珍惜，懷著對文學的熱忱在課堂裡虛心學習，對李老師廣博的學養深感欽佩，那一聲「您可以成為我的指導教授嗎？」的字句說得不易，李老師卻回答得爽朗，令人心安而踏實。

成為李門弟子後，發現李老師除了學術研究外，公務也十分繁忙，一路擔任中央大學中文系主任、圖書館館長、文學院院長、出版中心總編輯，還曾借調到國立臺灣文學館擔任館長，長期推動公共文藝事務。即便如此忙碌，李老師仍不忘時時提攜學生及後輩，能量滿滿地在學界活躍，成為李門弟子們最佳的榜樣。

記得二〇〇五年曾與老師一同前往淡水小鎮的潤福生活新象（中高齡專用的住宅），探望身體羸弱、行動不便的琦君，雅緻的房裡，有著李唐基先生細心照護的身影，當時琦君說話雖氣力不足但仍精神奕奕，叨叨絮絮著年華老去的感慨，以及對文學、對未來的期待，年輕的我一股腦地想要掃除她內心的陰霾，提議著身體好些要帶她到淡水鎮上走走，看看小鎮美麗的風情與淡水夕照，充滿赤子之心的琦君也欣喜地說著若身體好些的期望，然而隔年六月琦君便與世長辭，我並未能與琦君同遊淡水，李老師則是在二〇〇五年十二月於中央大學成立了「琦君研究中心」，更舉辦了「琦君及其同輩女作家學術研討會」，為文壇留下琦君「永恆的溫柔」身影，也樹立了現代文學的重要里程碑。

不僅如此，博班時期我們還參與了「文學社會學學術研討會」、「資深兒童文學家——潘人木先生作品研討會」等學術活動，都是在老師的精神號召下得以成就。如今回望那些年的學術生涯，更令人感佩李老師的用心與即知即行的實踐力。

每年暑假李門師生都會在老師的慶生會裡相聚，初次參與，才見識到李門弟子眾多，且數量逐年向上攀升，遍布臺灣北中南及花東地區，可謂桃李滿天下。我的博士論文號稱十年磨一劍，實因育嬰的關係有近五年處於休耕狀態，每每帶著小娃厚顏參與，老師仍是慈祥地笑看我們手中襁褓的孩子，對於博論則無一句的責問。然而老師與學長姊投身教育的身影，默默成為我前行的方向。

那一幀幀慶生會的照片記錄著李門師生細水長流的情誼，即便學長姊弟妹們或許從不曾謀面，又或是久別重逢，總能在舉杯慶生的氣氛裡慢慢融冰，輕鬆話起家常，雖非華山論劍、論斷春秋，但偶爾也在宴席間談出了未來的前景，為彼此或文壇創造了新的可能。

近幾年因COVID-19疫情影響，有些實體聚會不得不取消，但慶幸科技的發達，使我們仍能在臉書、LINE群上互動，得知李老師最新的學術動態、師母的書籍出版、時雍的學成歸國，以及李門弟子持續發光的學術成就。李門師生彷如一個大家庭，在李老師抑揚頓挫的春風化雨下成長茁壯，在李老師開朗陽光的笑容裡閃閃發光，十分感念這些點滴因緣，讓我們持續地走在有愛、有光的道路上。

作者簡介

黃慧鳳，中央大學文學博士，博士論文為〈臺灣歷史大河小說研究〉（李瑞騰教授指導），現任靜宜大學閱讀書寫暨素養課程研發中心助理教授。研究領域為勞工文學、大河小說、閱讀書寫、文化研究、現代文學、報導文學、臺灣文學等。著有《臺灣勞工文學》（國立編譯館獎勵出版）、《以文學建構新歷史——臺灣大河小說的興起與發展》、《半線番社口》等專書。曾獲文建會現代文學研究論文獎助、臺灣研究最佳碩士論文獎、磺溪文學獎、國史館臺灣文獻館獎勵出版文獻書刊推廣性書刊等獎項。

感懷師恩
——憶瑞騰師與我

盧柏儒

叩、叩、叩

「進來。」

「同學，有事嗎？」

「院長好。我是今年剛考進博班的盧柏儒，希望能找您當我的指導老師。」

那年，我很莽撞。初入中大中文系，就厚著臉皮，敲了瑞騰師院長辦公室門。對於莽撞的我，當時李老師還是放下繁忙的公務，寬容地聽我胡亂鬼扯了一番研究主題。

「還有，我缺錢。需要打工，老師如果有工作的機會，能不能讓我在您身邊幫忙，邊做邊學。」

當時，對，我就是這麼厚臉皮，既要人，還要錢。

那時，老師並沒有給我肯定的答覆，只是露出一張溫和的笑臉，說指導的事，不用急。然後跟我說系上有工讀的機會，到時候找助教申請，即可。

事後，回想起來，嗯，很蠢。我腦中小劇場上演了李老師心底犯嘀咕：「哪來的蠢小子？」的模樣，然後鴕鳥地忘記這件事等待開學。

開學後，我如願地到了琦君研究室工讀。

與其說是工讀，還不如說是老師把研究室空間，借我讀書。除了除濕、打掃之外，值班的很多時間，都是在研究室裡，閱讀琦君研究室裡的藏書。唯二比較像是工作的項目，就是重建琦君研究室的網頁，還有後來瑞騰師與東華大學須文蔚老師合作的數位文學資料庫計畫，協助報帳、找資料。瑞騰師巧妙地讓我寓打工於學習中，也讓我開拓了視野。

博三，終於順利入了師門。

後來瑞騰老師借聘至臺南的臺灣文學館，任職館長，我在考完資格考後，也藉口親炙指導老師的名義，溜回臺南，邊吃在地小吃邊寫論文。

不過，溜回臺南前，還發生了一件人生大事。不是戀愛、結婚，也不是失戀，而是博士修業，甚至到現在，都仍影響、幫助著我的抉擇：更換研究方向。

「瘂弦先生有一場研討會，柏儒你如果有興趣，和我合寫一篇關於瘂弦編輯的論文。」瑞騰老師在電話那頭對我說。

說實話，這是上天掉下來的禮物，我意外獲得被指導的機會。

關於編輯領域，我完全是門外漢。

當時懷著砸了老師的鍋的忐忑，囫圇吞棗讀了材料，然後拋開摔老師飯碗的念頭，矇著眼寫出了一篇粗糙的論文，幸好，瑞騰師在忙碌之餘，還花了些時間點撥我與修改文章，才使得那篇文章是一回事。

然後，研討會當天，瑞騰師的致詞說了啥，我真的都忘了，只記得他從容大度的一句話：「順便訓練研究生。」把發話權交給我後，我也忘了我報告了啥內容，只記得汗流浹背上不了臺的自己。老師，對不起。在那場學界大佬齊聚的場合的會議現場，講話真的會抖，也會腦筋空白。

在我眼裡，瑞騰師最讓人視為學習目標的地方，就是那份從容自信的處世態度。會議後，他帶著我這渺小的博士生一起去瘂弦的晚宴，看著他和那些痴長他許多歲數的前輩文人稱兄道弟，也幽默風趣地妙語如珠，讓人如沐春風。

我記得當時，白靈老師就坐在我旁邊，安靜沉穩地吃著晚宴，而我連攀談的勇氣都沒有。

「柏儒，這時候就是請教前輩的時候啊！」瑞騰師在隔壁桌拋來這句話。

我只能看著老師，回給老師一個傻笑。

那時候的我，只是一個遠望詩人偶像的傻小子，愚蠢地錯過了機會。

我記得，離開時，瘂弦先生對我微笑點了個頭，我開心得走路都小步帶跳，那時候我才真正理解啥是雀躍的意思，而我終究只是個蠢小子。

當時的我，知道瑞騰師用他的方式，教導我做學問的方法，這種可以親炙大家的田調機會，可不是隨時都有，那可是需要天時、地利與人和。可惜，當時的我雖知難得良機，卻無法握住瑞騰師為我創造的這一機緣。

唯一握住的，是改變了研究方向，瘂弦的編輯，成為我研究的對象。後來也因研究瘂弦的編輯，沾了不少光，謀職時，「編輯」研究成了被青睞理由，也因「瘂弦」的研究，能在詩評論與現代詩課程中，占了便宜。

瑞騰師和我最遠的旅程，是溫州琦君故居。一通電話，我成了聯繫臺灣琦君研究的專家與溫州臺商琦君會議的窗口。當時，與會的成員有：聯合法律事務所創辦人黃靜嘉先生、莊宜文老師、汪淑珍老師與若干碩博士生。那場往返溫州、臺灣的知識旅程，除了研討會議外，我獲得更多是關於文人紀念策展規劃的考察。這段旅程之所以能夠成行，也得歸功於老師個人的溫厚、對文學的熱情以及他善與人交的性格，才能使活動順利完滿地舉辦。

畢業後，投入教職，幾經轉折。我一直記得瑞騰老師，穿梭在教育行政、科研與教學中，無論如何忙碌，都能保持著優雅、溫厚的身影。他最有魅力之處，就是與人和善的處事風格，師門至今仍每年一聚，也是因他這份人和的魅力而能聚會，使大家能夠互相交流、提攜，不斷因緣。

撰寫此文時，回憶紛紛湧起。

從踏入院長門的那一刻起，瑞騰老師陪伴我學習，一路以來，他總是及時救援。藉此，謹以此文，感謝老師這一路的陪伴與提攜。

作者簡介

盧柏儒，民國九十八年負笈至中央大學，幸蒙李瑞騰教授指導博士論文，研究痖弦編務，而獲博士學位。求學期間，曾於瑞騰師主持的琦君研究室擔任助理，亦曾與瑞騰師合著《一代名編王慶麟》，為《國文天地》採訪恩師，刊文〈運動性格的研究學者：專訪李瑞騰教授〉。後任職實踐大學應用中文系，今任職於鹽城師範學院文學院副教授。

我學術生涯的引領者

汪淑珍

考試的相遇

「如果這次沒甄試上，妳會參加一般生的考試嗎？」李瑞騰老師面帶微笑地問我。與李老師的第一次見面是我參加中央大學博士班甄試的現場，面對只有一個名額的博士班甄試現場，我相當緊張，心狂跳，尤其在康來新老師詢問的問題我答得不好後，更是坐立難安。接著李老師提問，答詢完畢後，李老師溫和地拋了一句「如果這次沒甄試上，妳會參加一般生的考試嗎？」當下我直覺沒希望了！但看著李老師親切的面容，心情卻是坦然平靜，失落的沮喪感減卻不少。

放榜後不出所料我是備取第一名。但因為甄試正取只有一名，我註定備不上。然而李老師和善溫暖的笑容，讓我決定好好準備一般生考試，終於我進入中央大學博士班就讀，成為老師的學生。

眼界的開闊

就讀博士班期間，老師不斷提供許多機會，讓我學習舉辦研討會、參加研討會並擔任不同角色，也協助老師執行各式計畫。這些歷練，老師的身教、言教，成了我的參照指標。讓我在往後擔任學校行政職需處理各項事務時，更能游刃有餘，心境泰然。

二〇一一年一日午後，收到老師發的一封信，問我要不要一起參加中國大陸中共溫州市委宣傳部、溫州市臺辦、溫州市教育局等單位主辦的「溫州市二〇一一兩岸琦君文化學術研討會」。琦君是我喜愛的作家，她文章中彰顯人性的真、善、美，更是令我感佩與渴慕，有機會親炙其家鄉，感受孕育如此一位才情兼備作家的生長環境，是多麼令人期盼呀！於是我一口答應了，也努力準備一篇研討會發表的論文。

此行臺灣只有五人參加，李瑞騰老師帶著莊宜文老師、我和一位學弟一位學妹。五個人來到溫州機場，接機的陣容讓我大開眼界，捧花的遞上，紅色迎接長布條的拉開，真是高規格接待。琦君晚宴的參與——還原文本中的菜餚、琦君晚會的表演——再現文本中的情節與場景，讓我大開眼界，原來文學、文化元素融入不同事物上，激盪出的火花是如此令人驚豔，這就是沸沸揚揚熱烈討論的文創吧！接著幾天豐富的行程，無論是琦君故居的參訪、研討會的參加、溫州景點踏查，皆擴增了我的眼界。此行也讓我吸收了許多異地文學文化的元素，更讓我對文創有了專研的興趣，這些點滴多年後在我人生旅程中皆慢慢發酵蛻變。

不斷的協助

在教職多年後，老師提醒我別忘了要「升等」。老師還熱心提供給我幾個題目讓我思索可進行研究。知道我個性急躁，老師殷殷告誡我「升等」一次就要通過，所以需相當謹慎，論文品質要嚴格要求。我開始著手進行升等論文的資料蒐集、撰寫、修改、投稿、發表，這一路的過程李老師皆逐字逐句幫我看我的論文，並指出缺漏之處，畢竟這是要升副教授的篇篇論文，大意不得，因此本預計兩年要完成的論文寫了三年多。

雖然我已經畢業離開中央大學。但老師還是在百忙之中協助指點，讓我享受還是學生有老師教導的幸福感。也感謝老師的指導，論文審查回來後，人事室承辦人員跟我說委員給予相當高分，還詢問可否送他一本我的升等論文。

老師曾提醒我四句話「走自己的路　不擋別人的路　有能力幫人開路　低調低調　再低調」此也成為我奉行的圭臬，我也將此信念傳承給我的學生們。

作者簡介

汪淑珍，中央大學中國文學博士。現為靜宜大學中國文學系副教授兼系主任。曾獲「文建會現代文學研究論文獎助」、「國家文學館臺灣文學研究論文獎助」，作品多次獲苗栗縣政府國際文化觀光局徵選出版，博士論文由李瑞騰老師指導，並參與老師多項計畫。

研究領域以現代文學、文學出版、文化創意、教學實踐研究為主。著有《文學引渡者——林海音及其出版事業》、《九歌繞樑三十年——見證臺灣文學一九七八～二〇〇八》、《看見苗栗——苗栗文學與創意》、《見識苗栗作家林海音小說創作風貌》、《臺灣作家全集編輯出版研究》、《閱讀．悅讀．越讀》。編有《大專國文選》、《臺灣印象——臺灣文學中的地區風采》、《文類紛呈的女世界：臺灣當代女作家文選》、《茶文化與生活》、《文字魔術師——文案寫作指導》；發表多篇現代／臺灣文學、文學編輯出版、教學實踐研究篇章。

幸遇春風，可沐可翔
——感恩瑞騰師言教與身教

汪筱薔

一、溫然儼然、可敬可親——初遇瑞騰師

「望之儼然，即之也溫」是我對瑞騰師的第一印象，也是銘刻至今、不曾改變的君子圖像。就讀中央大學大學部時，經常看見時任院長的老師現身在各個重要場合致詞、開場，他總是微笑謙沖而又真情流露，擔任主持人時能不慍不火地處理會議現場人與人之間的摩擦和火花。當時便打從心底敬佩這位師長，並萌生親近向學的期盼。

初生之犢如我，便在某次研討會後請老師幫忙寫碩士班甄試推薦信，當時一股熱情竟直接跳過事前寄信和說明等過程，回想起來汗顏；但老師不僅爽快答應，更是認真檢視我的推甄資料，為我寫下寬厚且鼓勵的推薦信。

二、歌哭紅塵間，笑傲江湖裡——成為李門弟子

進入中央大學碩士班最幸運的事便是成為李門弟子。猶記老師當時已開始思考要在退休前指導完所有學生，曾跟我說我可能是最後一位入門弟子，但爾後我還是多了數位學弟妹，我想這主係因老師是性情中人之故，尤其是當他人真有所求，而思考自己方可量力而為時，他總是會設身處地為他人著想，盡一切所能提攜後進。不僅展現在指導學生，也處處顯露在待人處事上。

猶記當時在文一館琦君研究室時，有一老嫗推著數十盆日本盆栽，竟就著研究室開始逐一尋找買家。溽暑之際，尋訪過數間未果後她已滿頭大汗。當她遇到瑞騰師時，老師竟慷慨掏出萬把塊，豪邁地一口氣買下了四、五個嬌貴盆栽。老師事後說他其實並不鍾情盆景，主係不忍婉拒老婦，又想可以為琦君研究室增添綠意，便出於助人本意購買了盆栽。因此，當時我擔任助理的工作便又多了一項——澆水。

我碩士論文的研究主題是張夢機老師的詩作，因此很幸運地在二〇一五年有幸參與文物暨詩歌紀念會的籌畫，並與老師在紀念學術研討會共同發表論文〈閒適換悲涼——張夢機詩晚期風格的一個面向〉。瑞騰老師做事一向認真，但在處理夢機師紀念事宜更是慎重，我深刻感受到老師感念之情，而他更將這種對弟子無私付出的精神傳承給下一代的中文人。我生

也晚，無緣受夢機老師親炙，但以詩為媒介，反而更深化了與兩代師長的緣分，透過讀詩、論詩、作詩，深入詩人本心。如果「歌哭紅塵間」描繪出夢機師豁達大度的風範，我想「笑傲江湖裡」則反映出瑞騰師圓融達量的特質。

三、不推、不攬，但遇事則全力以赴——學習處世之道

我自知是知識上的雜食主義，讀書時喜歡把各種歷史、藝術、人類學的書同時攤開在圖書館的大方桌上，如享用自助餐一般每本都東看看、西瞧瞧；年輕時個性上則是有著衝勁有餘、耐力不足的毛病，看到什麼機會都躍躍欲試，原可能不適合需要深度鑽研、馬拉松一般的文學研究，也曾被其他師長提醒「貪多嚼不爛」。但老師卻反而欣賞我積極入世的特質，總能因材施教、引導我發揮長處。指導我研究之餘，讓我有機會辦理琦君研究室系列講座、徵文，擔任「文藝行政」課程助教、參與「百年中大」編纂作業，公餘之時不吝於與我分享他時任文學館長的行政經驗和領導心法。這些經驗都是書本上學不來的寶貴精華。後來我能順利取得文化行政考試雙榜首並進入文化部服務也要歸功於老師的指導，縱使老師每次都不居功地說是我自己會讀書，但我深知如果碩士班期間沒有遇到如父親一般、願意理解、尊重並支持學生的良師，我是不可能走過國家考試、研究考驗與生活壓力等挑戰。

他曾說：「不推事、不攬事，但如恰好遇到事了，便應全力以赴。」這句話不僅道出了

老師「有風就要停」的圓融進退之道；同時讓我這個「有風就急著要飛」的學生獲益終生。

四、文壇點燈人——點亮過去、當下與未來

如果說詩人的職志是要將生活中萬物點化成詩，那麼良師的職志便是讓學生都能在社會上發光發熱，成為整體前進的動能。瑞騰師在他多年深耕臺灣文壇、行走國際華文圈的歲月中，確實點亮無數盞燈。不僅在於他外圓內方、身忙心閒的人格特質總能安定人心，同時他樂於給人機會，行走多年始終謙沖與真誠，因此李門每次聚會不僅人丁興旺，且和樂融融。

我始終記得與外子彥廷在二〇一七年於陽明山上婚禮時，當時下著大雨，且老師當時擔任課綱編修的國文科召集人，上、下午都有著緊鑼密鼓的會議，但他依然不辭辛勞在中午會議暫休時間驅車上山參加我們的婚禮。縱使身負繁忙公務，但絲毫沒有讓他人感受到緊迫，依然不疾不徐地說完充滿人生智慧的致詞，獻給我們最誠摯的祝福。

正是因為老師如春風一般，潤澤了每個學生的生命，並透過言教、身教，用智慧陪伴我們了解過去、耕耘當下與面對未來。

作者簡介

汪筱薔，負笈中央大學時由瑞騰師指導完成〈張夢機詩晚期風格〉論文。二〇一三年進入文化部服務，負責博物館政策、數位轉型與原住民族合作計畫等。於二〇二一年至格拉斯哥大學攻讀博物館學，現為聯合國教科文組織「通過語言與藝術融入難民教席（UNESCO Chair Refugee Integration through Languages and Arts）」之博士生，負責蘇格蘭世界遺產路徑（Scotland's UNESCO Trail）計畫，並研究「移民共創世界文化遺產價值：以世界觀為視角」。自我期許能擁有文藝復興的人文精神，與天地來往、萬物交流，並永保赤子之心。

輯四

以臺灣文學史打樁的府城四年

林佩蓉

如果什麼事都能從館務的角度來想，而不是關注在自己的立場，很多衝突都可迎刃而解。

這是李瑞騰館長在任職屆滿前，對幾位同仁說的話，猶記得他一貫不疾不徐的語氣，低沉的嗓音帶著微笑，常常是這樣，包括自己在內像是離不開該學校的學生，館員與李館長的互動，像是老師與學生，大多數的討論都像是文學史、議題類型的深究，不止是行政事務，更多的時候他帶著我們去思考文學的社會實踐。

臺灣文學史一直是李館長在意的事，在文學史的長河裡，研究、典藏及推廣應該如何開展的議題，是他在擘劃文學事務的主張，因此作為館員不太容易迷失方向，即使有許多來自文化部的臨時交辦業務，仍有個定錨點讓研究工作不至於紛雜或失去方向，對於以研究作為開館籌備重要基礎的文學博物館而言，既是穩固了前人基礎，也在這磐石上建立研究所擴展而出的展覽與服務版圖。在李館長四年的任期中，編纂《臺灣文學史長編》三十三冊、《臺灣古典作家精選集》三十八冊、《臺灣文學史料集刊》、建立「臺文館叢刊」系列，以及建置「臺灣文學網」、成立「臺灣文學外譯中心」。這六大項工作皆在文學史的點線面中發展，成為臺文館亮眼的成績，影響層面也頗為深遠，除了《臺灣文學史長編》及《臺灣古典文學作家精選集》外，其餘系列叢刊與集刊都持續發展中，累積不少重要的成果。

長編的形成與編纂，是「開館十年」的關鍵出版。（下圖）自二〇一一—二〇一二年以兩年的時間共召集三十三位作者所完成的文學史書寫，在目前是空前的成績。為了能在一到兩年內完成這部長編，先以六個月的時間，邀請學者進行「前期研究」，這個機制在李館長任內建立，成為日後開展新議題的前導，前期研究的成員除了外部學者外也加入館員，共同整理相關的資料，集合、盤點學術與博物館的資源。這前期研究主在設定長編文學史的編寫方式以及閱讀的對象，這也是李館長擘劃

《臺灣文學史長編》新書發表會

書籍出版時最基本的設定：誰是閱讀者，寫給誰看？長編也企圖超越中國文學領域中相似名稱的篇幅，例如《中國戲劇史長編》（一冊）以及《中國古代文學史長編》（共五冊）。彼時預期這套長編能夠達成以下幾點主要效益，換句話說，也就是希望能夠滿足各界的幾項需求：作為國內外大專院校各系所「臺灣文學史」課程的教材；作為碩博士生研究的參考；作為一般民眾了解臺灣文學史的入門書籍；作為國內外各級典藏機構的基礎藏書。以作為大專院校教材為底，接著延伸為研究領域的參考並且要成為各級典藏機構的藏書，這三項相當程度反應了當時臺灣文學教學現場的需求以及研究者的研究方向，李館長決定的結構包括「本文章節」、「參考資料」、「年表」三大項，全書五至八萬字為原則，各冊名稱系統化，以四個字命名，這些名稱首先由作者提出，再經由李館長潤飾而成，一九四五年二次戰前，以時間斷代為要，次以文學特色為副標題，一九四五年二次戰後則以議題為主。另反省當時文學史的編寫以「漢人/漢字」為中心，而忽略原住民文學的生成，於是以原住民的口傳、故事、神話等為長編第一部，這是文學史書寫的重要里程碑，也「修正」文學史書寫長期以來的忽視，「先來後到」的遷徙歷程，仍需要被呈現。

而這部長編顯現的成效，得力於李館長在編輯出版及學界長年累積的功力，這功力及眼界的驗證可從一九八八年，國內首次出現以「臺灣文學」為名的大學課程，授課者即李館長可知。他在《聯合報》特別撰寫了一篇〈關於「臺灣文學」這個科目〉，文中對於「臺灣文學」有簡潔扼要的說明：

客觀地就這個名詞來說，「臺灣文學」結合了「臺灣」和「文學」兩個語詞，……在這樣一個歷史複雜處會發展出什麼樣型態和內涵的文學呢？如所周知，文學以文字作為表現媒介，紀錄（反映）或評論（批判）特定時空中的自然和人文現象。……由於文學的興廢繫乎時序，隨著社會的變遷，這個區域的文學形成傳統以後，不斷在流動變化，牽繫著整個臺灣人民的生活與命運，值得去研究，必須去研究。（註❶）

這篇文章發表於解嚴後的幾個月，臺灣文學研究正要從壓抑之中開始復甦，反應到他所主導的「長編」內容即在呈現臺灣這個地方的文學型態與內涵之流變，並且從中看出自然與人文現象的影響。

長編出版後，隨即古典文學作家精選集也面世，在李館長任內的出版品，每一年至少十餘種，若要以冊數為計，四年任內已達百本圖書，他以出版的方式為臺灣文學館寫史，也率先提出整合性的文學資料庫，建立研究及學習的網絡平臺，他當時手繪了一張圖（下頁圖）交付研究典藏組的研究員，她擅長研究資料庫及使用者的互動心態及方式，以一年的時間建置了「臺灣文學網」資料庫，裡面有文學史年表，另外分列外譯房、展覽場、影音屋等，將當時本館開發的資料庫收納在一個平臺，而外部相關的文學資源也有所整合。同時間研究典藏組也開發了第一款數位學習教材，改編自李潼的《少年噶瑪蘭》、林亨泰的〈防風林〉、夏烈的〈白門再見〉等文學作品。首度與數位資源及遊戲的專家學者合作，擴增了文學博物館的跨界領域，為日後的「智慧型博物館」打下部分基礎。

「臺灣文學外譯中心」在二〇一二年掛牌，李館長請了齊邦媛教授題字，呼應也感念她在一九七〇年代便開始將臺灣文學及作家推向國際，如今這個中心不只是協助翻譯出版工作，更主動、主導臺灣文學翻譯推向的研究，這些工作的深遠性，皆在前人的眼光與決心下打樁，方得以至今穩定地發展。這是臺灣文學館有責任強化國人認知，臺灣文學足以帶領國家在世界上昂然站立的依據。

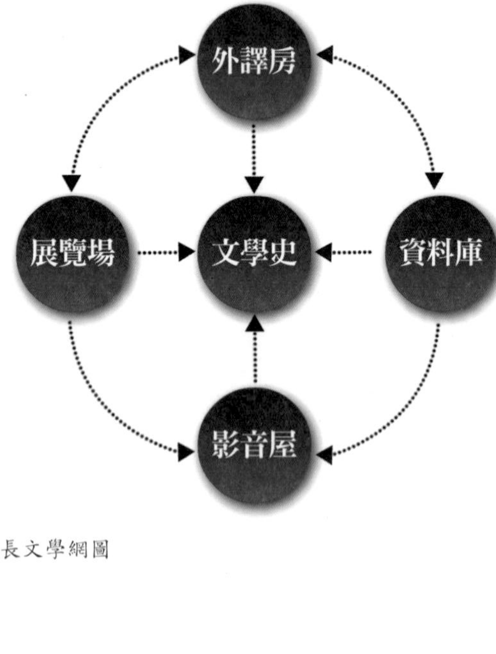

館長文學網圖

李館長集編者、學者、作家於一身，由他所引入的文學藏品捐贈質量也頗為可觀，最值得一提的是楊逵紀念館、琦君、施叔青等，強化手稿的典藏，「誓言」讓臺文館成為作家心血保存的最穩定之境，是李館長面對每一位作家及其家屬最真摯的允諾，而這更是承接了開館館長林瑞明教授的心願與意志，至今無論社會政治環境如何變化，這是最不偏不倚的核心信念。

臺灣文學館歷任館長中，首次以四年時間，南下府城，將自身安頓在離館舍最近的租屋處，這是李瑞騰教授接任館長後第一時間所作的事，他安定了自己的落腳處。這是決心，是為自己的職分、為館及館員暨所有事務盡最大的誠意與心力，四年期間身體健康也曾接受挑戰，但總是在其樂觀的笑聲中克服，「去臺北、回臺南」成為他與家人之間的笑談，家在何處？府城四年，李館長的家，在臺灣文學館。

註❶：李瑞騰，〈關於「臺灣文學」這個科目〉，《文學關懷》（臺北：三民書局，一九九二），頁一二四—一二五。

作者簡介

林佩蓉，國立臺灣文學館副研究員兼研究組組長，國立成功大學臺灣文學系碩士，國立政治大學臺灣文學所博士。研究方向以臺灣文學史、博物館研究詮釋、研究轉譯、編輯出版為主。曾任《臺灣文學研究學報》執行編輯、《臺灣文學年鑑》執行編輯、作家文集、全集出版，如《楊雲萍全集》、《林鍾隆全集》、《臺灣文學史長編》執行編輯，並參與多場數位人文研究、文學史料及徵集、學術策展。

著有《不服來戰：憤青作家百年筆戰實錄》（作者之一）（臺北：奇異果，二〇二〇年十二月）、《百年情書：文協時代的啟蒙告白》（作者之一）（臺北：前衛，二〇二一年一月）等。主編《作家的心靈地圖——臺灣文學大解讀》等書。

與李館長共同的美好

陳秋伶

國立臺灣文學館（以下簡稱臺文館）的同仁笑稱，我們將館長當作耗材使用，平均兩年不到就換一個，但李瑞騰館長任期卻是遠高於平均數的那一個，他在臺文館足足做好做滿四個年頭，要不是因為借調任期的問題，真希望他可以無期限地做下去，因為他不僅是一位最稱職的館長，也是一個令人敬佩的師長。

李館長二〇一〇年二月一日到任，他在館舍附近租了一間套房，但多半的日子裡都是臺南、臺北兩地跑，天未亮，李館長即從臺北的家裡出發，搭上高鐵南下，展開幾乎日日忙碌奔波的生活型態。館內有繁瑣的行政工作、各式會議需要主持及決策，同時也經常要趕赴文化部與立法院，面對上級單位與民意代表。但身為文人的李館長，仍然沒有割捨熱愛寫作的那支筆，忙碌之餘，任期內依然固定在《中華日報．副刊》發表「在臺南」專欄散文隨筆，暢談臺南的所見所聞。

他上任後的第一個挑戰是臺文館首度完全自辦的國際交流大展「文學拿破崙——巴爾札克特展」。身為主政的展示教育組組長，以及承擔策辦重任的我，要特別感謝文化部這個時候派來了一位天使來拯救我們。在展覽策辦的過程中，他不只在背後全力支持，給了最大的信任與自由外，也透過他淵博的學術力量與文壇的龐大人脈，幫忙解決了無數問題，以及創造展覽亮點與深度。展覽終於在他的總策劃與督導下，透過將近五百封的臺、法來往書信，得與法國及臺灣約二十所博物館、學校與政府機關串連，於二〇一〇年十二月八日順利開展，並在臺南短短的兩個月展期中吸引了數十萬人次的參觀人潮。

李館長上任後，馬上指示展示組開辦了「府城講壇」、「文學教室」、「青少年編輯營」、「好書推廣專案」、「優良雜誌補助」……等等不勝枚舉的臺文館空前絕後的亮點業務，為臺文館在面對文壇、大眾時，提高了不少能見度。尤其是「府城講壇」邀請了文壇的大作家們，這也只有像他這種輩分的人才有可能辦到的，並且締造了一票難求的臺文館巔峰期。

李館長開創了許多博物館的新概念。首先在他擘劃之下完成的臺文館的第二期常設展「臺灣文學的內在世界」，不僅是一個具文學深度與美學厚度的展覽外，他更提出了複合式策展的概念，即是常設展加上主題特展的複合體，三分之二的展場空間為博物館界制式的常設展空間，但剩下的三分之一空間則是將常設展主題，分批介紹得更深入的特展，大約半年換展一次。一方面為常設展做出更深入的介紹，也為展場空間有限的臺文館提供了更多的展示舞臺，讓觀眾可以欣賞到更多文學的展示。

到職的第一年，他更積極推動「移/異地展」的行動，讓臺文館的展覽主動走出館所，以宅急便的方式將文學送到大眾的面前，尤其去服務那些不知道要來或不能來館的觀眾，二〇一〇年五月二十日當時全國最大的展示貨櫃車「臺灣文學行動博物館」啟航，乘載臺灣文學主題特展深入全臺各鄉鎮，行銷臺灣文學之美。任內積極參與臺北國際書展，二〇一〇—二〇一三年年不缺席，為文化部唯一指定參展之所屬博物館。此外，更與昇恆昌免稅商店合作，於桃園國際機場第二航廈C5候機室打造「臺灣文學故事館」，從不同的角度向來往旅客陳述、介紹臺灣這塊土地上悠久而美麗的文學風景。

談到李館長與臺文館另一件不可遺漏的事是，齊東詩舍的誕生。二〇一三年，地處臺南的臺文館經過十年的經營，已奠定良好的基礎，期間也陸陸續續啟動「走出臺文館」到全國各地的各類展覽及推廣活動，李館長更擘劃將文學觸角延伸到北臺灣，一方面提案向文化部鼓吹往外延伸的必要性與重要性，另一方面也積極為新據點探尋適當之設置地點。同年十二月十七日上午，天空飄著細雨，我陪同李館長到臺北市中正區濟南路二段二十五、二十七號的日式宿舍踏查。雖然出發之前看過Google Map的街景圖，對於這兩幢建築已有初步的認識，但是到了現場一看，仍為其驚豔不已。這是身處喧囂城市的一塊寧靜地，木造建築的沉穩風格，加上歷史歲月沉積而成的靜謐氛圍，都與文學本身散發的氣質相得益彰。我們如獲至寶，館長一個人靜靜地站在二十七號廊下（側緣），雙手背在身後看著遠方的天空，腦中籌思著齊東詩舍的願景，這一幅畫面至今仍清晰地浮現在我的腦海中，因為我讀到了他是如此深情地經營著臺文館。齊東詩舍在文壇與各界的矚目與期待下，終於在二〇一四年七月三十一日正式開幕，為臺文館後續於各地的開疆闢土開啟了一個起點，並樹立一個典範，而從今日臺文館的臺灣文學基地、到臺北分館，則全都是在齊東詩舍的基礎上慢慢茁壯的。

李館長的學術、文壇地位與行政管理的能力皆有著無人不曉的地位，這些成就讓他令人敬佩，而他的待人處事哲學則是讓他迷人之處。在館內永遠只聽到他爽朗的笑聲，從沒看過他對館員疾言厲色或動怒過，因為溫文和氣的他認為沒有什麼大不了的難事，他都會幫我們處理，「沒事、沒事」是他的口頭禪。他也是一個很有度量的機關首長，同仁如果犯了錯，總是溫柔、包容地提醒與開導同仁，如果哭點不太高，可是很容易被他的真誠弄到哭的。我最欣賞他的一點是，雖然他是做大事的人，但他卻非常願意傾聽每位同仁的各種聲音，不偏聽只信任少數人，或只聽他想他聽的話；他也常跟我們分享他「拉人一把、放人一馬」是待人哲學，他永遠給別人機會，不對人落井下石，提拔他人不餘遺力。

他也總會樂當同仁最脆弱時刻的依靠，他的一句話或一個擁抱，往往給我們帶來無限的希望與溫暖。記得我在念博士班的最後幾年，因為公務及私事雙重壓力下，幾方掙扎後，鐵了心決定放棄了，但他在一次關心我博班進度時，得知了我這個決定，他便皺著眉頭溫暖地說「別放棄，放棄了可惜啊！」就是這句話，也只有這句話，改變了我的心意，讓我回頭走完博士班的路。

李館長任期屆滿，離館返校服務後，仍持續關心著同仁，只要一回館便到每個組室走走，與同仁們擁抱寒暄，同仁爭相走告不要錯失了李館長回來的見面機會，從此可見，他是一個多受館員愛戴、歡迎的館長。二〇一八年的某一天，他又回館了，同事告訴我李館長急著找我，要我去展場找他，我沒想太多，就一個展覽室一個展覽室地去找他了，見到他時，他給了我一個大大的擁抱，輕聲地問道，「母親還好吧！」我的淚水便止不住地滑落，居然他這麼貼心、關心我，應該是他前幾次回館都沒碰到我，得知我請了侍親假在家照顧母親，也隔了近一年的時光，他居然把我的事放在心上，怎不要人感動呢？

四年其實不算長，但是李館長對於臺文館、對我，有太多美好的記憶，當然對於其他館員，他們之於李館長想必也一定有著其他不同的美好，即使已經進入第四個四年了，這美好的點點滴滴將永遠深深烙印在我們的心底。

作者簡介

陳秋伶，高雄市人。成功大學建築學系博士、美國伊利諾香檳分校景觀建築碩士。現為國立臺灣文學館展示組組長。專長領域為環境心理學、展覽策辦。二〇一〇至二〇一四年與李瑞騰館長共事於國立臺灣文學館，在他的關照下度過了職涯中最快樂的四年。

恆以「有用之身」點亮人文心燈

趙慶華

聽說「館長」要退休——沒錯，即使這麼多年過去，我仍然習慣稱他為館長——我把那四年間，電子信箱裡與他的通信全數點開，一一重新閱讀，不外乎是承辦業務的進度報告，或是針對手邊工作請教他的意見；例如某項活動要請他出席詢問時間、某出版品付梓在即要請他寫序……菜鳥一隻如我，還不太會跟長官聊天，多半力求把話說清楚就好，簡要為上；而他的回信往往更短，指令明確、意見中肯，少有多餘的冗言贅語，但信末總是會出現「謝謝」、「辛苦了」、「多費心」等字句。

說起來，早在我還不識臺灣文學的年紀，就已經聽過他的文名——一位長我幾歲的好友，是他在淡江中文系時期的指導學生，因此很早就知道有這麼一位縱橫文壇、桃李天下的學者。然而，真正有機會接觸，時空皆已遞嬗——在十幾年後的臺南。

二〇一〇年二月，李瑞騰教授從中央大學借調到國立臺灣文學館，擔任館長一職。交接典禮上，他笑言是因為無法拒絕陽光燦爛的「南方誘惑」，才接下這任務；但從他迅速在臺南尋找賃居之處、立刻開展館務規劃等行動來看，大家都知道，他早就準備好了。身為一位自一九七〇年代起便關注臺灣文學發展，長年浸淫文學生態圈，與作家、學者交誼密切的學院知識分子，他心中，自有一幀屬於臺灣文學的全幅影像，如何藉由臺灣文學館的運作將這幅影像的構圖、光影、明暗調整到最佳狀態，是他念茲在茲的懷抱。

當時的臺文館，正式開館營運僅六年多，可說仍屬相當年輕、甚至某種程度上還在摸索方向的館舍。他很篤定地說了，想要讓臺文館成為專業的、全世界公認的「臺灣文學研究中心」。基於此宏大的企圖心，四年任內，他在既有的成果上，持續為臺文館打底、深化、累積、拓展，尤其重視文學史料的蒐集編纂和印製出版，因為那是臺文館從內部的研究典藏、對外的展示教育，乃至面向公眾提供服務等一切事務的基礎。

所以，幾乎是剛上任不久，他就立刻著手擬訂了幾個重要方針，包括讓臺灣文學史的面貌更為豐富詳實、提升一般讀者對古典作家的認識，和照顧當代文學研究者的需求等面向。而這些計畫具體執行的成果，就是後來最為我們所津津樂道的三十三冊《臺灣文學史長編》、三十八冊《臺灣古典作家精選集》，以及五十冊《臺灣現當代作家研究資料彙編》三大套叢書的出版。因緣際會之下，我負責承辦了好評不斷而一再加印，從原本規劃的五十冊，增加到一百冊，最後一共出版了一百二十冊的《臺灣現當代作家研究資料彙編》（以下簡稱《彙編》）。

簡單地說，每冊《彙編》都是一位作家的專輯，前半部有作家小傳、年表、照片、作品目錄和提要，完整呈現作家的生命歷程與創作軌跡，後半部則是由主編挑選並刊載具有代表性且夠分量的論述文章，同時以目錄的形式完整羅列與該作家有關的研究或評論資料。所以，如果對某位作家有興趣，或是想更深入地爬梳其文學脈絡，一冊《彙編》就像一位作家的百科全書，可以在其中獲得所有與之相關的知識。小至課堂作業、大至學位論文，舉凡做過研究的人都知道，文獻資料的蒐集整理是至關重要的環節，《彙編》一方面為這個環節提供了便利法門，同時也透過評論、研

李館長於2010年2月上任不久，即著手規劃《臺灣現當代作家研究資料彙編》計畫，透過相關資料的彙集，完整呈現作家生命歷程與創作軌跡，並同步建置作家研究資料庫。這張照片拍攝於2011年4月8日，為該計畫第一階段成果發表會，當天與會者眾，除了專家學者，更有前輩作家以及多位作家親屬出席。前排左起：詩人向明、呂新昌先生、《文訊》社長封德屏、李瑞騰館長、陳芳明教授、林淇瀁教授、作家李魁賢；後排左起：《彙編》顧問張恆豪、翁聖峰教授、張玉園女士（作家張文環之女）、呂芳雄先生（作家呂赫若之子）、應鳳凰教授、劉知甫先生（作家龍瑛宗之子）、許俊雅教授、張瑞芬教授、作家林武憲、作家樸月、林積萍老師。

究成果的纂輯收錄，確保史料不致散佚。這也就是為什麼，自第一階段以來，無論是資深學者或新手研究生，都表達了對這套叢書的高度關注。

但如果要說《彙編》只是為了方便研究者查找資料，恐怕也不是那麼準確；我想這一切的起心動念或許可以追溯到他接任館長受訪時所說的：「臺灣這個地方有這麼多人寫過這麼多那麼好的文學作品，卻長期沒有受到應有的重視。」《彙編》，就是將人們的眼光和視線重新聚焦到這些作家身上。對於那些已經受到相當程度關注的作家，研究者可以進一步思索新的研究路徑，至於明顯受到忽視、研究闕如的作家，則可趁此時機重新進入閱讀和研究的視域，擴展臺灣文學的邊界、充實作家作品系譜。而隨著資訊的快速更新，彙編的實體出版雖然在一百二十冊暫時告一段落，但我們並沒有因此而停滯腳步，不僅將已出版的成果轉化為數位資料，建置了《彙編》的資料庫，同時也持續在進行更多作家的彙編。

他總是堅信出版是有力量和必要性的，因此，當他卸任時，我們細數，短短的四年間，臺文館大大小小的出版品竟然有三、四百本，似乎也就不那麼令人驚訝了。《彙編》固然不足以概括其族繁不及備載的建樹，但所謂見微知著，每一部出版品，都是厚實臺灣文學發展的基石，也是讓館務輪軸轉動的源頭。他以宏觀的視野和格局，加上對臺灣文學和文壇的深刻認知，不僅為兒童期的臺文館培養了強健的體魄，甚至也為走向青春期的臺文館準備好了「轉骨湯」——例如前面提到的《臺灣文學史長編》，在多年以後，成為臺灣文學向下扎根的種子，從嚴謹的論述化身為適合兒少讀者閱讀的繪本，以活潑可親的方式傳遞臺灣文學。還有「文學・電影・地景」編纂計畫，出版上下兩冊的《愛，理想與淚光》，如今回顧，正是當前討論得最熱烈的文學改編、影視IP的前導。而另一部《我在我不在的地方——文學現場踏查記》，其實也就是近年來許多文學博物館所都相當重視的，文學踏查與地景走讀的先聲。即將邁向二十歲的臺文館，已有充沛的創意和靈活的巧思將「文學轉譯」運用在各方面，讓臺灣文學普及於一般民眾日常生活的各個角落，但如若沒有李館長當年為臺文館所積攢的資產，一切的進展或許未必能如此水到渠成。

這樣一位擅長擘劃、擬訂策略的行動派首長，卻不是許多人想像中或現實生活中曾經遇到過的那種冷冰冰的行政官僚。雖然看起來是典型的讀書人，但我經常覺得他骨子裡其實是個社運健將，帶著強烈的社會改革意圖，把文學事務，無論是教學還是行政，都當成一場社會運動來實踐。只不過他的運動現場不是在街頭，他的倡議也不是聲嘶力竭的那種，而是就在他的崗位，靜水深流，不辭涓滴，一步步地把臺灣文學的根札深，把人文素養的精神傳遞延續下去。

即便在館務最繁忙、心力最交瘁之際，他仍然總是以笑臉迎對；笑容裡是對無奈世事的洞察與瞭然、還有對文學的熱愛、對人的溫度。說到「溫度」，印象很深刻的是某年在臺北國際書展，他與一位多年不見的學生在臺文館的展場巧遇，學生先是驚喜地喚他，接著就在相擁之際激動地啜泣了起來，說非常想念老師……這令人動容的一幕，在他卸任後，我有點越來越懂得並且感受深刻。

二〇一四年二月，他重返大學，再度擔任校內重要職務，然而，無論多忙，只要臺文館需要他，任何大小場面：審查會議、論壇講座、展覽開幕、館慶活動……只要時間許可，不對，應該說是只要情況許可，他甚至會將既定行程另作安排，特地南下出席。出發時，他往往買的是一大早的車票；回程，則永遠選「足夠晚」的班次，為什麼？因為對他來說，到臺文館，並不只是「公務行程」，無論多麼忙累，他絕不來去匆匆，活動、會議結束後，他總是一一走訪各組室跟我們打招呼；他會問X主任在嗎？X組長在嗎？他會關心誰誰誰怎麼瘦了、誰誰誰的家人可好？在他眼裡，我們不只是公務機關裡的小螺絲釘，是與他一同奮鬥打拚過的夥伴、也是他不忘給予提攜鼓勵的後輩；就如同今年初的一封來信，他提醒：「公領域，分寸而已，私領域的自我發展可能更重要。」比起公領域的表現，他更關心我們個人的安適，自我實現的追求與完滿；也因此，只要有機會，他總不吝於提供我們發揮的舞臺。

這幾年，經常聽他講起在中央大學校園裡所致力的人文建設工程，除了已經做的、正在做的，還有更多的是，那些他想做而還沒做的。即使疲憊寫在臉上，仍然有理想、有願景，彷彿不知道什麼是休息，對於年屆七十的他，不免常常讓人掛心是否過度勞動了。但也正如認識他的人都知道的，窮畢生精力，「用我有用之身」貢獻於社會，是他始終如一的信念。

如今，聽說館長要退休，衷心祝福接下來才正要開始的第二人生，也謝謝館長為臺文館所做的一切；餘暇時，可以把那枝毛筆拿出來了吧——至於是不是終究「退而不休」呢？就讓我們繼續看下去。

作者簡介

趙慶華，國立成功大學臺灣文學系博士，現為國立臺灣文學館助理研究員、南華大學通識中心兼任助理教授、臺南社區大學講師。熱愛汪星人（也愛喵星人），夢想能以最慢的速度行山、走路，瞭望群峰；對於文學中的族群、性別、生命史、身分認同等議題最感興趣。

關於李館長的二三事

簡弘毅

李館長，就是大家口中的李老師，我們館員暱稱的李員外（或者私下偷偷稱的老李），算得上是我在臺灣文學館任職以來的重要貴人之一。

上面那一句話裡，就出現了多個不同的稱謂，可以說明幾件事，值得跟大家分享一番。

第一，李瑞騰老師的身分是多元的，在公共領域裡，他當過編輯，編過副刊，發行過雜誌，做了大學教授，兼任圖書館館長，後來借調來臺南榮任文學館館長（這麼算起來，「李館長」有兩種），再回任文學院院長。相信在學院領域裡，如此多經歷的學者應該是很罕見的。

第二，在臺灣文學館任內的李館長，是眾多館員心中的好長官，因此才會私下給了他親暱的稱呼。大概來自於他敦厚的個性和圓融的處事手腕，讓大家都很樂意和他共事，彷彿古裝劇裡總是笑瞇瞇的李府員外……（笑）。我至今不太確定，李館長本人知不知道自己被稱為「員外」或「老李」，倘若先前不知道，如今也算當著他的面把祕密給掀開了，相信他不會介意的。

第三，這是屬於我個人的部分。在他還沒有擔任文學館館長之前，我就因為研究議題、工作計畫等緣故，領受過李老師的照顧，也有很愉快的合作經驗。擔任館長期間，他也常私下關心我，給我許多鼓勵，或是交付一些重要的任務讓我執行，得以換取一些小小的個人成就感。

這點跟最開始那句話沒什麼關係，但好像也有一點關連。文學館從二〇〇三年正式開館以來，李館長是第三位正式館長，期間穿插有籌備處主任，或代理館長，總之開館的前幾年，從上至下的人事變動都不小，而二〇〇九年到任的李館長，任期一共四年（二〇一〇年二月—二〇一四年一月），總算把全館上下、裡外都穩定下來，館務更進一步順利推動。

我雖然在開館初期就有幸成為館員，但也隨著上述的人事動盪而時常感到不安，常有「有志難伸」的感慨，更遭遇一些職務上的變動與挫折。還記得有一回，因為實在感覺到身心上的困頓，撥打電話給李老師訴苦，他靜靜地聽我說話，並沒有太多建議，畢竟那些多半是館內的人與事，他也說不上什麼。然而電話最後，李老師輕聲對我說了一句話，至今我仍印象深刻。

「沉住氣，不要心慌。時間會往前，不如意的事則會過去。」

他當然知道我困惑與心慌的原因，但也只是勸我要沉住氣，畢竟時間不會停止，那些令人不安的人事物，則終將要被往後拋。也就在那通電話的一個月後，文建會發布了他將接任館長的消息，或許只是巧合，但我這才明白他所說的「沉住氣」，還是別有弦外之音的。

畢竟李老師人生經歷豐富，想必也不可能一帆風順，對比年輕氣盛的我，在他眼裡我確實是急躁了些。有幾次私下的場合，他分享自己在求學、研究與社會實踐之間擺盪且迂迴前進的故事，或許說得雲淡風輕，但對我而言仍是受用無窮。如果碰壁了，失意了，就轉個彎去做讓自己的意志得以伸展的事，不要局限在眼前的僵局之中。這些觀念，至今仍是我處事的重要目標。

這或許也和他的研究領域有關。李老師算是在大學體制內從事臺灣文學研究的先驅之一，雖然博士論文研究的是中國晚清文學思想，卻逐漸在學校開設臺灣文學的課程，那是一九八〇年代，臺灣尚未解嚴之前，縱使沒有肅殺的氣氛，開設「臺灣文學」課程想必還是有重重阻力，資源也十分欠缺。後來臺文界的本土研究漸興之時，他研究的重心放在外省籍作家，也和主流論述多少有些隔閡。這些擺盪與「不夠主流」，並不影響李老師的學術論著成績，同時他還參與了《文訊》、《臺灣文學觀察雜誌》、《臺灣詩學》等刊物的編輯發行，以具體的行動證明自己的理想與社會實踐可以相結合。

於是他便以這樣的人生經歷鼓勵我，生命轉個彎，處處是風景。

因此，到臺灣文學館擔任館長也是他對這個信念的實踐行動。當時報紙採訪，他開玩笑說是「受不了南方的誘惑」而接下這個任務，而他回應給文學館與整個文學界的，卻是比南方陽光更熾烈的熱情，四年期間規劃推行了許多重要政策，確實讓臺灣文學從研究到推廣，都有很深厚的發展，成績有目共睹。

此時的我從李老師的跟隨著，轉變為李館長的職場屬下，身分或許有所轉換，但不變的是我對臺灣文學的熱情，得以在這位全身充滿活力的館長帶領之下持續燃燒著。執筆的此刻，李館長已經卸任八年，過程中許多點滴或許無法細數，然而我仍清晰記得他在大大小小會議上的專注與執著，或是共同討論某個好點子時的爽朗笑聲，我相信，那代表的正是他對這份職務的全心投入。

作為執行的屬下，我也不能總是說長官的好話，這樣顯得有點奉承，尤其文學館是講求專業的地方，我也偶爾當起了黑臉，挑戰館長的意見或決策。令我印象深刻的一件事是，李館長當時興致勃勃地提出撰寫《臺灣文學史長編》的龐大企畫，預計以主題式撰寫及超過二十本書的規模，成為另一種臺灣文學史的集體撰寫工程。這樣的提案，任何對臺灣文學有想法的人都會感到興奮吧？但當時的會議上，我就說了事後想來有點白目的發言：

我：「這個構想很好，不過計畫時間是三年，會不會太急迫了？我覺得史論需要花時間沉澱，至少要七、八年才妥當。」

李館長：「你的想法也許成立，但我只有三年的任期啊。」

當下我就知道自己想得太天真了，論述需要時間，但館長則需要政績，四年任期其實非常短暫，滿腹理想的他有許多工作想要推動，容不得花漫長的時間去累積。當然此外還有不少次這類的白目發言或犯錯狀況，很感謝寬宏大量的館長，並沒有因為這些唐突的發言或失誤就否定我，仍然信任我的工作表現與專業能力。

舉凡「臺灣現代詩刊與詩集特展」、「金門馬祖文學特展」、「食衣住行文學特展」……等主題展覽，以及持續舉辦多年的大型文學演講「府城講壇」，或是彙編出版《我在我不在的地方——文學現場踏查記》……等，有太多在他規劃之下，由我和館內外伙伴執行的專案計畫，獲得不少好評，也為我的館員生涯留下精彩的回憶。

回到中央大學教職之後，李館長再次變成李老師，但對文學館有深厚感情的他，只要邀請他參與重要活動或專業諮

「金門馬祖文學特展」開幕式，李館長為貴賓導覽展場內的炮彈裝置。（左三舉手者）

詢，他都會盡量撥冗出席，每回回到館內開會，都會熱切地走到每一個組別辦公室，像親切的長輩一樣來關心同仁，既問工作也噓寒問暖。

例如，他每回都要說：「欸，你好像最近發福了。」想當然爾，是對我說的。我樂得讓李老師消遣一番，因為知道他是真的關心我。但我也想對李老師說，離館這麼多年，怎麼您一點都沒變老呢？每回見到，總是這副從容的身影，爽朗的笑容，談論文學事務時專注的神情，都跟在館內時期一樣。李瑞騰總也不老！

李老師總也不老，但如今要退休了。我猜想，退休後的李老師恐怕要更忙碌的，或許會再寫幾本書，再寫幾首詩，主持一兩個工作計畫什麼的，可能比退休前還要充實。作為文學館館員，我們應該也還會持續以各種會議的名義，邀前館長回家來走走看看，順便讓他再消遣我一番。

最後我還想說一點內心的感想。李老師常說起林海音先生的處事哲理：「拉人一把，放人一馬。」不論我是學術研究上的學生，館務推動上的屬下，或是人生道路上的晚輩，我總是見到他寬厚且慈愛的那一面，拉了我不只一把，或許也在默默之間放了我許多馬，並且，給了我無數次的支持。

感謝李老師、李館長、李員外，祝福退休後的人生，更為寬闊，更為精彩。

作者簡介

簡弘毅，生於臺北，現居臺南。靜宜大學中國文學系碩士，現任職於國立臺灣文學館展示組。研究領域為戰後臺灣文學、文學傳播、流行音樂、博物館展示等。

人文管理
——見證人文的力量

楊自平

也許這輩子和中大緣分甚深，從大一進中大就沒離開過，總想會一直歲月靜好。雖然系上近年來人事有些變化，但瑞騰老師一直都在，心裡仍感踏實。殊料，隨時光流轉，已近老師在中大最後時光，怎不讓人心驚？

與老師結緣雖久，但不甚親近，敬畏多於親近。一來術業有專攻，自己關注經史義理，無緣修老師的課，再者老師擅長學術行政，但自認是行政門外漢，對行政事務亦不甚措意。唯因與宜文老師私交好，遂對老師多分關注，有些親切感。

身為大學教員，直以研究、教學、輔導為本務，隨經驗增長，漸漸認識學術行政的重要。祖漢老師主持系務時，安排我擔任副手，雖自忖不擅行政，仍只得硬著頭皮認真學習，稍微有些長進。也因陸續參與系、院各項會議，內心對李老師的行政長才非常佩服。

但真正的行政考驗，自二〇一六年二月接下系主任開始。幸好當時李老師是院長，有高人在上面頂著，遂安心不少，對老師也有更多的認識。當時除主持系務亦兼任儒學研究中心主任，系上和中心的活動常需邀請院長與會，院長總是慨然支持，爽快應允。每回開幕式，院長神采奕奕到場，致詞總能切合活動或會議精神，讓人振奮。猶記二〇一七年十一月下旬，系上舉辦師生歲末聯歡晚會，院長翩翩蒞臨，豪氣吟唱創作的詩作，情真意切，全場反應熱烈。

任期屆滿前，蒙院長看重，賦予重任，接下一學期副院長工作。在二〇一九年一月八日中午期末系聚餐，院長準備特製卡片，寫下「自在自如自由身，平安平靜平常心」的嵌名聯及一段文字，當下收到，感動莫名。至今回想，仍不免悸動。

在三年任內，常代表系上出席院級各種會議，得以觀察院長如何費心規劃全院整體發展，致力讓文院被校方重視，並費心為文院爭取資源。以及在資源有限的狀況下，如何照顧各系所的發展，並符合系裡同仁高度期待，若非秉持公正無私之心，具備高明的氣度和才智，面對紛雜人事，恐難周全。

在院辦服務期間，有更多近身觀察的機會。這一學期，院辦最大任務便是文院成立四十週年慶祝活動。為了讓整個文院動起來，院長特別於四、五月規劃一系列學術活動：包括「羅家倫與五四運動」研討會、「二〇一九海峽兩岸暨香港人文社會科學論壇」、文學院研究生第三屆人文中央論壇，及兩場「改編：變臉．變身．變心」演講，並與中文系合辦詩文吟唱晚會。此外，也積極提升教學軟實力及改善教學設備，如進行課程總整，並舉辦第二屆「創造性轉化經典文本」改編創作競賽。又舉辦兩場教師工作坊，並推動戲劇教室改造計畫。在學生輔導方面，為促進各系師生間的交流，規劃「藍花楹下——讀、吟、唱、演交流會」。

這一系列活動，我多少都參與其間，最富挑戰性的莫過「藍花楹下——讀、吟、唱、演交流會」。院長對文院的藍花楹情有獨鍾，曾講述他如何找到當年種樹的員工，希望同學們能在藍花楹盛開之際開懷表演才藝。當下接手這項新任務，腦海只有想像的畫面，對如何進行全無頭緒。透過與院辦祕書、專員、助理、工讀同學研議，如何運用有限經費，讓構想成真，幾番討論後漸有眉目。於三月至五月安排在最後一週的星期三中午，在黑盒子劇場外藍花楹下舉行。於活動前，由團隊設計海報，安排主持人，邀請表演者，製作手冊。當天先到現場布置，並安排簡單輕食，一場溫馨的藝文饗宴就此展開。院長特別於第一場、第三場帶來精彩的詩歌朗誦，現場反應熱烈。期間周校長伉儷及本院師生，甚至客座教授及交換生也共襄盛舉，雖距今已五年，然記憶猶新，歷歷在目。

李老師在任內，雖然忙於院務，但仍積極協助校務發展，包括接下出版中心工作，出版與中大過去、現在相關的書籍，規劃百花川人文步道等，校方對文院的建設也給予更多支持。院長向校方爭取購買資料庫及圖書的經費，擴充教研資源。並積極促成文院學士班的成立，推動人文跨域發展。因文院一、二館建築物老舊，向校方爭取修繕經費，讓文院建築外貌有番新氣象。文院內部也同步整修，如人文講堂、國際會議廳，也都煥然一新。

為紀念文院成立四十週年，院長特別請專家設計藍花楹為主題的巨型海報，並親自撰寫文句，張貼在文三及文二館的兩面牆，非常顯眼。並在文一、文二館通道間，文二館的牆面親撰的文學院誌，交代文院四十年的重要發展，為文院留下珍貴文獻。

經過多年遠距觀察及一學期的近身學習，我看到理想的領導典範，也深刻感受到文學的力量。優質的行政管理，可提供師生安穩的環境，得以專注於本業，不受外力干擾。這也正是李老師為中文系、文學院，甚至中大，留下重要的資產。

現今衡量各大學辦學績效，常透過數字評斷。考察該校申請到多少政府計畫、得到多少經費挹注、獲得多少獎項、學生的高就業率，好的世界大學排名等等。以數字評斷辦學績效，雖然明確而易見，卻是冰冷的。理想的大學需要的是人文關懷、人文氣象，讓師生得以揮灑生命，發揮創意的自在天地。近年來，中大致力提升人文氣象，校園也增加許多人文景觀。即便疫情嚴峻，但充滿人文氣象，綠意盎然的校園，為師生帶來清新氛圍。這場校園變革。李老師是重要推手，居功厥偉。

在李老師身上，看到人文人如何以豐厚的人文涵養、寬廣的胸襟氣度及卓越的行政能力，帶來重大改變，用行動證明人文的力量，也是經典活化的最佳體現。李老師的行政管理風格，正符合於省寬教授「人文管理」的主張。「人文管理」強調按照不同人的不同需求進行有序和諧的管理，促進人的全面發展，提倡激勵和引導式的自主和開發型管理。李老師多年來的行政成就，充分展現「人文管理」的精神。

很慶幸在中大服務期間，得以受到李老師高明的行政指導，讓我有所成長，開啟寬廣的視野，學到許多待人處事方法，一切感念於心。在李老師身上，見證人文強大的力量。

在老師即將退休之際，謹藉這篇短文，向李老師表達最深敬意與謝意。相信老師只是轉換跑道，祈願上天護佑，常保身心康泰，繼續發揮影響，散發光熱。

作者簡介

楊自平，中央大學中國文學系博士，現任中央大學中國文學系教授兼文學院儒學研究中心主任。曾任中央大學中文學系系主任、中央大學文學院副院長、科技部人文司中文學門複審委員、臺灣中文學會第六屆理事、元智大學人文社會學院諮議委員、中央研究院短期訪問學人，並曾榮獲中央大學學術研究傑出獎。專注《易》學及儒學研究，旁涉《史記》學、三國學。著有《元代《易》學類型研究》（二〇二一）、《羅貫中與三國演義》（二〇二〇）、《清初至中葉《易》學十家之類型研究》（二〇一七）、《儒學的現代詮釋與時代關懷》（二〇一七）、《世變與學術——明清之際士林《易》學與殿堂《易》學》（二〇一二）、《明代學術論集》（二〇〇八）、《吳澄《易經》解釋與《易》學觀》（二〇〇九）、《梨洲對明代儒學的承繼與開展》（二〇一三），並與楊祖漢教授合編《綠色啟動：重探自然與人文的關係》（共三冊）及《黃宗羲與明末清初學術》。此外尚有期刊論文、專書論文及會議論文多篇。

不言之教

劉德明

雖然我很早就聽過瑞騰老師的大名，但實際與瑞騰老師有比較密切的接觸，則是近幾年的事了。早在一九九一年進碩士班就讀的時候，即聽聞系上從淡江大學中文系禮聘到一位精於現代文學與出版相關的老師。但當時我因興趣主要在思想義理領域，所以並沒有修習過瑞騰老師的課，甚至不太記得是否有見過瑞騰老師。碩班畢業後，我即到臺中任教，同時也攻讀博士學位。有了專職，回到中央上課只是匆匆去回，無法在學校多停留。但因讀了博班，自然會與系上保持著若有似無的聯繫，在這期間偶爾有聽聞瑞騰老師的「新聞」，諸如瑞騰老師當了系主任、圖書館館長、文學院院長，而後又聽說他借調到臺灣文學館當館長。當時這些消息對我而言，只是如流風過耳，在心裡留下「這個瑞騰老師好像很能做行政」的印象。

二〇一四年二月我回到中央任教，那時瑞騰老師剛好也結束了臺文館館長任期回到學校。那時與他的接觸也僅止於偶爾在系辦匆匆地打個招呼，或在系務會上聽到他一錘定音的意見。那時雖與瑞騰老師同在一系，但總因自己忙於適應環境、準備新課及應付升等壓力，也沒有特別注意系或院的諸多事務，只有在他競選院長一事上，默默投了一票表示支持。

直到二〇一八年七月升等正式確定了以後，原想可以放鬆一陣子。但沒想到在暑假間卻意外接到瑞騰老師的電話，他說因當時的林文淇副院長要休假，讓我考慮是否願意接這個位子。我記得瑞騰老師當時說：「你升等了，可以比較有空來做行政服務大家，而且只要幫忙我剩下的一年任期就可以了。」我在當時心裡是訝異的，因為一直以來與瑞騰老師並不熟悉，不知他是怎麼想到了我。但瑞騰老師是我老師輩的師長，他既開了口邀請，而且只需一年，於情於理我都不好拒絕。在協助他半年後，我又因緣際會接了中文系主任。而瑞騰老師在卸下院長後，仍兼任人文中心主任。因為種種公務的關係，有了較多的機會了解瑞騰老師並向其學習。

在文學院服務期間，我記得有次聊天時，瑞騰老師說他最重要的責任是讓老師能得到最好的支持，專心在教學與研究上，不必受到外界太多雜務的干擾。也因此，文學院總是在各方面支持老師們能有比較好的研究教學環境。如他向學校爭取到了多年文學院專屬的人文發展計畫，用以讓各系所得以購買圖書與資料庫，也讓儒學研究中心每年至少有固定的經費，可用以出版及召開會議。瑞騰院長後又藉由深耕計畫的支持，以「創造性轉化經典文本」為核心，整合院中各系所的老師，並以此發展課程、舉行活動，著實讓文院師生有了展現特質與專長的機會。此外，瑞騰院長又很有前瞻性地規劃增設了文學院學士班，雖第一次因教育部臨時改變規定而被打了回票，但在其堅持與努力下，終於使這跨領域的新班在文學院扎下了腳跟。除此之外，瑞騰老師對於文學院硬體的改善更是花了很大的心力。文院師生最常活動的地方是文一館及文二館，兩館建成已久，其中文一館常漏水不說，又因其興建甚早，一直未取得使用執照；文二館則因為時代改易，廁所設備已不符現代要求。瑞騰院長透過其絕佳的說服力，向學校爭取到了一大筆特別的經費，用以改善文一館的漏水、防火與安全性，並取得使用執照。又將文二館的各層廁所設備重新整修，得到很大的改善。這大約是兩館建成以來，最大的修繕工程，可讓文院的師生能有一較為安全舒適的安身立命場所。

瑞騰老師讓我最為驚訝的是，他把看似「閒職」的人文中心主任做成了一個影響力遍及全校的工作。在他擔任院長時，已協助總務處推動百花川步道的改建，將原來多處損壞的木棧道，改成沿路鏤刻有十位文壇校友雋永文字的文學步道。在卸下院長職務後，他仍然兼任人文中心主任，此後更是火力全開，引導並塑造學校的整體人文景象。從舉辦紀念羅家倫前校長的「羅家倫與五四運動研討會」、招集中文系老師編著出版《羅家倫精選集》，又在新的教研大樓中打造羅家倫講堂，建立起接續志希館的歷史傳承；主持調查並記錄全校各建築物成立的歷史與題跋，編成《銘刻與記憶——中大校園的碑碣牌匾及公共藝術》一書，以不同於以往的人文角度，重新理清中大的發展歷史。又舉辦了「中央大學校園新十景」的票選活動，讓中大人重新認識學校，也趁機讓外界更了解中大之美。此外，他更將視角擴展到學校的理工領域，如結合太空遙測相關系所的成果，出版了《小行星的故事》一書；又舉辦了

「人文與科技對話——挺進南北極」演講座談活動，將人文的影響力延伸至整個中大校園。猶記去年要請瑞騰老師延長服務時，瑞騰老師已著手調查並書寫百花川的故事以及三座屋的相關歷史，他說應該可以在退休前完成這些工作，而這正是一部完整的中大在地發展史。

隨著閱歷日多，我對瑞騰老師因應時代的敏銳能力與傑出學術行政能力也更加欽佩。目前中文系所面臨的各種壓力，大家都能感受到，這其實無庸贅言。如何突破困境，能夠與不同領域的人對話，已是不容易的事。若要取得他們的尊重與認同，甚至對他們產生影響，則更是艱難，瑞騰老師卻看似輕鬆地做到了。此外，想到學術行政工作的繁瑣，一般教師更是視為畏途，但瑞騰老師從事學術行政工作甚久，其間無私的奉獻與服務，必然有很強的熱情與使命感支持。我從沒有正式上過瑞騰老師的課，但在我近年與瑞騰老師的互動中，以上種種都讓我在不知不覺中體會並學習到了許多，而這應該也是瑞騰老師一直都深受大家敬重的原因。

作者簡介

劉德明，國立中央大學中國文學系教授，畢業於國立中央大學中文系博士班，指導教授為岑溢成博士。專長為中國學術思想史、《春秋》學與經典解釋學。曾於二〇一八年八月至二〇一九年二月，擔任中央大學文學院副院長，時任文學院院長為李瑞騰教授。

光之所在

——記李瑞騰老師

卓清芬

有一種人，像是光一般的存在，總是正向而溫暖。溫煦的笑容，睿智的言語，帶來安定沉穩的力量。

李瑞騰老師，就是這樣的一個人。

真正「認識」瑞騰老師，是到中大中文系任職以後。在此之前，雖然讀過他好幾本著作，像是《詩心與國魂》、《相思千里——古典情詩中的美麗與哀愁》，然而透過文字「認識」的作者，總是扁平而蒼白，不若本人鮮活而立體。一開始我對書本裡的作者敬畏有加，不敢造次，但瑞騰老師非常平易近人，偶爾碰面也會閒聊個幾句，二十年來也就建立起亦師亦友的情誼。瑞騰老師的行政能力很強，是那幾年唯一不用副主任的系主任，總是很有效率地處理好所有的事務，讓同仁們能夠各安其所。他在系主任任內規劃了「詩之夜」，邀請現代詩人朗誦、穿插學生表演，我始終對於那幾個充滿魔幻文學氛圍的夜晚印象深刻，詩人飽含情感的朗誦，具有穿透人心的力量，拉近了我們與詩的距離。

二〇〇九年十二月，蔣偉寧校長邀請葉嘉瑩先生擔任余紀忠講座的演講人，講題是「百煉鋼中繞指柔——談辛棄疾詞的欣賞」。時任文學院院長的瑞騰老師就把接待葉先生的重責大任交給了我。接到任務時一則以喜，一則以憂。喜的是能和景仰已久的詩詞名家近距離接觸，憂的是能否把年事已高又隻身來臺的太老師照顧好。長期陪伴葉先生的助理因生產未能隨行，我就住在南方莊園葉先生的隔壁房間就近照顧，每天陪伴葉先生吃飯，聽她談她最喜歡的稼軒詞；陪同葉先生參與瑞騰老師主辦的中文系四十週年晚會，聽葉先生曼聲吟誦李白的〈將進酒〉，演講結束後又陪同搭機將葉先生送回天津南開大學。雖然只有短短幾天的接待，卻是畢生難忘。瑞騰老師囑我持續向葉先生問候請益，我卻因為不好意思打擾而疏於聯繫。二〇一三年底趨勢教育基金會主辦「向大師致敬——葉嘉瑩」的系列活動，有杜甫詩的講座、手稿展和葉先生九十華誕的壽宴，而我的名字竟然在葉先生開列的壽宴賓客名單裡。時隔多年，葉先生一眼就認出我，還回憶起當時相處的點點滴滴。後來才知道，葉先生記憶力驚人，記得所有接待過她的人，即使只有一面之緣，葉先生也都特別邀請。此後，我經常參與葉先生在南開大學的研討會，論文得蒙葉先生親自來函讚許。說起來都要感謝瑞騰老師所給予的任務，也幸好不辱使命。

瑞騰老師無論是擔任中大圖書館館長、國立臺灣文學館館長、文學院院長，或是現在的人文藝術中心主任、中大出版中心主任，總是積極地投身於公共事務，以無比的熱忱推動學校事務和文學活動。瑞騰老師從研治古典文學入手，學生時代就寫新詩、從事文學評論，立足臺灣進而擴及東南亞，縱橫文壇數十年，是當代文學的觀察者，也是參與者。我總覺得瑞騰老師似乎對文字情有獨鍾，有種近乎迷戀的執著，每一項工作都留下了各種文字紀錄，如《國立臺灣文學館典藏精選集》系列，介紹了館藏的作家文物；《讓學生成為課堂主角：二〇二一中央大學傑出與優良教師群像》，是中央大學教學傑出的教師訪談錄。《桃之夭夭，灼灼其華》彙集了桃園作家的實地訪談；《小行星的故事》記錄了中大鹿林天文臺小行星的命名的由來。五四運動一百週年的紀念活動，出版了《羅家倫與五四運動》史料篇和論述篇，隨後又編纂了《羅家倫精選集》舊詩卷、散文卷、新詩卷，我參與了舊詩卷的編輯工作，也因此看到瑞騰老師的嚴謹細心和指揮若定的調度能力。《銘刻與記憶：中大校園的碑碣牌匾及公共藝術》是校園內文化資產的考察和紀錄，空間的銘刻伴隨著歷史的記憶得以傳承給下一代的學子，除了瑞騰老師，大概不會有人想要做這樣的事。學校前門的觀景平臺整修完畢後命名為「聽松臺」，成為新中大十景之一。〈聽松臺記〉的碑刻文辭雅馴華贍，我問瑞騰老師是否出自於他的手筆？他反問我是怎麼猜到的？我想能夠化用《文心雕龍》，出入古今，扣合校園景觀歷史，全校怕也找不出第二人了。中大校園裡有多處碑刻文字都出自瑞騰老師之手，真正能夠實踐他經常勉勵學生的「開口能說，提筆能寫」，有良好的敘事力和表達能力，確實是中文人的利器。

瑞騰老師的人格特質可以說環繞著「情」、「義」兩字。「義」是做該做的事情，是責任感的驅使；而「情」是溫厚良善的關懷，是同理心的展現。常常覺得看一個人，不是看他如何周旋於西裝革履的大人物之間，而是要看他如何對待周遭平凡的小人物。瑞騰老師卸任臺灣文學館館長職務的時候，掃地的工友特別依依不捨。那種發自肺腑的真誠親切和寬厚，與他共事過的人都能夠銘感於心。有時候遇到挫折或不如意，瑞騰老師的開解和鼓勵，像是穿雲撥霧的陽光，總是讓人打從心眼裡溫暖起來。二月以來承乏系務，瑞騰老師第一時間就發信給我，信很短，只有寥寥幾個字：「妳一定能夠勝任，但要愉快。」是的，勝任不一定愉快，「愉快」是不縈於物、無所罣礙才能夠得到的。在人情世故、待人處事各方面，我還有很多要向瑞騰老師學習的地方。瑞騰老師即將於二〇二三年退休，以老師重情的個性，對於這個奉獻了人生最精華歲月的大學校園，定有千絲萬縷、難以割捨的情感，而他留下的典範，也成為後人難以超越的里程碑。

瑞騰老師之所在，就是光之所在。

謹以此文，祝福瑞騰老師退休之後，完成更多想做的事情，能夠真正地從心所欲。

作者簡介

卓清芬，臺北市人，臺灣大學中國文學研究所博士。現任中央大學中文系教授兼系主任。研究領域為宋詞、清詞、詞學理論與批評、晚清民國詞學、清代女性詩詞等。著有《納蘭性德文學研究》、《清末四大家詞學及詞作研究》，注說龍沐勛編選《唐宋名家詞選》。單篇論文有〈「以詩為詞」的實踐——談晏幾道《小山詞》的詩人句法〉、〈自我呈現與他人型塑——湯貽汾〈吟釵圖〉詩卷題詠析論〉、〈從〈信芳閣自題八圖〉題辭和《信芳閣詩草》看清代女詩人陳蘊蓮的自我定位〉、〈試析顧太清仿擬宋詞和編選《宋詞選》的意義與價值〉等。

鳩占鵲巢

孫致文

成排的南洋杉，已長成高過文學二館頂樓的尖塔；岔出的枝葉，貼近這間四樓研究室的紗窗。偶爾，松鼠會順著枝椏跳上窗臺與我對望；吸引牠的，想必不是室內這些苦澀的書籍，猜想是略帶香甜的嫋嫋輕煙，讓牠誤以為有鮮果美食可嚐。

最近附庸風雅點燃的，是日本京都「鳩居堂」調製的線香。這間創立於寬文三年（西元一六六三年）的老店，竟然用《詩經》「鳩居鵲巢」的典故為名，讓我這以經學為本業的研究者眼睛一亮。時下都以「鳩占鵲巢」為強占他人居處的劣跡，殊不知，按《詩序》之義，詩文所述本是椿「有德者居之」的美事。

這間文學二館四〇五研究室，現今不但填塞了上千本各類書籍，更是我在中央大學最安心的棲身之處。其實，正是典型的「鳩占鵲巢」；雖不是「有德者居之」，但也不是強取豪奪而來。此處原是李瑞騰老師使用多年的研究室，由於老師特別的關愛，已讓我占用了十五年之久。

二〇〇六年返回母校任教時，由於文學院空間有限，我和同時報到的郭老師共用一間位於三樓的研究室；簡單的辦公家具隔板，把原本不算寬敞的空間一分為二。由於較常留在學校，已婚的同事把靠窗的內側讓給了我。年齡相仿、研究領域相近的兩人，倒也相處愉快。隔年，適逢系所評鑑，「教師研究空間」是考核項目之一；為免受質疑，時任文學院院長的李老師慨然把研究室出讓給我，老師把個人書籍、字畫搬到一間閒置的庫房，平時都留在院長室辦公、作研究。如松鼠藏匿松果一般，我累積書籍的速度、數量頗為驚人；從原本三樓研究室遷到四樓，也不是輕鬆的事；我天真地問老師：「要不，讓外側的郭老師搬上去如何？」老師和緩而篤定地搖頭，只說：「我是要把研究室讓你用。」話語中，明顯在「你」字加了著重號。我竟然沒察覺老師的心意，不是「院長」把研究室出讓給我，而是「老師」讓我接著使用他的研究室。

在院長任期第三年後半，老師借調到臺南，出任國立臺灣文學館館長；歸建返校兩年半後，又再度擔任文學院院長。其後接任人文中心主任，直至目前接掌人文藝術中心。老師從臺南返校時，我自認應將研究室歸還，但老師要我不必在意，而他就屈居在主持的「現代文學教研室」。除了那兩年半，老師都持續擔任有專屬辦公室的行政主管，而我便這樣長期占用著「鵲巢」。

老師為我築好的「巢」，何止這間四〇五研究室！

一九九一年我進入中大中文系就讀，那年李老師也正好從淡江大學到中大專任。隔年，老師接替顏崑陽老師教授必修課「中國文學史」；老師總是著西裝、繫領帶揮汗講課。魏晉文學理論（尤其是《文心雕龍》）與唐詩，是老師的研究重點，課堂講說也特別精深；為時一年的這門課，也就終止於晚唐詩。多年後，同學聚會，竟還記得老師略帶臺語口音、始終鏗鏘有力的聲調：「汴水流、泗水流，流到瓜州古渡頭，吳山點點愁。」（「汴」、「泗」加重音，「瓜州」前稍停〇．五秒，「點點愁」音量減輕。）即便日後我選擇研究經學、文獻學，但卻衷情於二位唐代詩人：生涯第一篇學術論文以李白為題，編寫的第一齣崑劇以李商隱故事為本。老師曾編撰一冊名為《冰心玉壺》的絕句賞析著作；我在編劇時，雖是李商隱的故事，卻不自覺用「一片冰心在玉壺」作【尾聲】曲牌的一句唱詞。想來，是老師替我築了唐詩的巢。

在中大，老師受歷任校長器重，屢屢擔任行政要職，甚至額外做了許多服務工作，犧牲了自己研究、休息時間。曾有某日傍晚，在研究室接到老師撥來的電話，老師語氣平淡地問我能否到院長室一趟。敲門進去，只見學校醫護人員環繞，才知老師因為血壓過高頭暈不適，要我開車送他去急診。路途雖不遠，但我握持方向盤的雙手，汗水直冒，老師卻鎮定依舊。當晚，在急診室等到師母趕來，而老師的血壓也控制住，我才鬆了口氣。我們都勸老師推辭部分工作，但老師說，積極參與學校事務，就是要讓學校高層知道：中文系有能力也有意願參與學校行政工作，文學院不是可有可無的單位。這時我才明白：往復飛翔、辛勤撿拾樹枝，老師正在為文學院師生築一個穩固的巢。

一有機會，老師也推薦中文系晚輩參與學校事務：丁亞傑老師擔任圖書館校史組組長、李淑萍老師擔任校友組組長、郭永吉老師與劉德明老師擔任副院長，都是老師築巢工作的一環。我素乏行政能力，但在任教第二年，老師就命我負責籌辦「第二屆兩岸三地人文社會科學論壇」。這是當時中大與南京大學、香港中文大學輪流舉辦的年度盛事，不僅要規劃論壇議程，還要安排境外學者食宿、參訪。辦妥那次論壇，著實讓我精疲力竭；然而，我不但結識了諸多人文領域重要學者，也熟悉學校行政流程，此後籌辦學術研討會，對我而言似乎都不再是令人畏懼的難事。其後，張夢機老師病逝時的追思會、逝世五週年的紀念文物展與詩歌吟唱會，甚至三年前參與校方爭取一項重大研究計畫的統整工作，老師都讓我一同築巢。

即便不是老師指導的門生，但自大學一年級至今，三十年來無時不在老師築的鵲巢中躲過各種風雨。「維鵲有巢，維鳩居之」，久居鵲巢的我，已到了該飛出去為其他鳩鳥築巢的時候了。居之者，原本未必有德；但因這鵲巢，居之者得以豐滿羽翼，且日新其德。最有功，且最有德者，自然是原本築巢的鵲鳥——李老師。謹以寥寥數語，銘記老師築巢、讓巢的恩德。

作者簡介

孫致文，新竹縣人。在李瑞騰老師至中央大學任教那年就讀中大中文系，接續在中大攻讀碩士、博士學位。現為中央大學中文系副教授，受李老師教導、關愛三十年。主要從事經學解經方法、禮學、佛經音義、傳統戲曲等方面研究。在經學領域，以「禮學的時代發展與變異」為主題，陸續發表論文數篇。學習南管、北管、崑曲近三十年，多次參與傳統戲曲演出，曾編寫崑曲劇本，並協助戲曲文物的典藏與展示。

神祕溫暖的讀心術

李欣倫

每當我要閱讀、審查文學獎稿件，耳邊就會有個聲音響起：「對你來說，這篇作品是『之一』，但對每一位投稿者而言，這是他們的『唯一』。」彷彿儀式，這句話發揮了提醒作用，讓我沉澱下來，好好面對眼前無數匿名的稿件。無論十多年來已經看過多少文學獎稿件，無論自認為熟知寫作技藝、敘事策略、文字技巧、謀篇布局和其他，這篇平放在桌面上的作品不再是白紙黑字，而是真實的血肉和眼淚，即使是最簡單、無修辭技巧的述說，也是作者生命中難以描摹的經驗。

「之一」與「唯一」的思考，讓我從快節奏的日常續流中放緩速度，令我謙卑，要我專注。

和我說這句話的正是李瑞騰老師。當時我出版了兩三本散文集，陸續接到校園和各單位的邀請，擔任文學獎評審。忘了是在什麼場合，還處於古怪少女的我，大約是隨口抱怨：「文學獎稿件好多喔看不完」之類的，在旁的李老師就微笑地跟我說了這句話，「之一」和「唯一」的區別。具多年審查經驗的老師看似輕描淡寫，卻在我心中具有十足分量。這麼多年過去了，當我越是反覆思索這句話，就越感受到話語的深度和力度，這提醒我應該審慎面對每一篇來到眼前的故事，也召喚了我的寫作初衷。

於是乘著這句話，我回溯了剛提筆寫作的自己：二十年前，反覆推敲故事、琢磨字詞，才寫就一篇作品的文藝少女，又是懷抱何種期待，忐忑地將唯一的稿件寄出，等待回音——多數作品石沉大海，有時連初審都沒過，卻幻想得獎和出書的機會。雖然少數作品幸運地得了獎，但我並非橫掃各大獎項的寫作者，如果不是蒙李老師賞識和牽線，我的第一本書可能還要再延後幾年，才有機會出版。

因為李老師的介紹，我和當時《聯合文學》的編輯許悔之見了面，開始書寫一系列與漢藥有關的篇章，進而發展成《藥罐子》——我的第一本散文集，那年是二〇〇二年，新書發表會在臺北舉辦，由我的指導教授康來新老師主持。前一年，當我的數篇散文刊載在《聯合文學》時，李老師還特別在中央大學文學院二館的中庭空間，幫我舉辦了小型的讀書會，李老師不但主持還全程聆聽，這對當時只是一個愛寫的中文所碩士生來說，簡直就是華麗的彩蛋。即便當時我的文筆仍嫌稚嫩，對於自己的聲音和表述方式還在摸索與練習，但李老師是如此看重一位初出茅廬的寫作者，對此，我深深感激。

這也顯示出李瑞騰老師一向不吝於提攜後進的長者風範，不僅是我的貴人，和我同輩的作家群對這點也深感認同。二〇〇七年一月，李老師在《幼獅文藝》發表書評〈一片繁盛的本草風景——李欣倫散文略論〉，文中評述我的作品。頭兩段就令我印象深刻，至今捧讀仍是充滿感動與感恩：

好像看著自己日漸成長的孩子一樣……行走文壇之際，不經意間有人提起了她，言下也有些許稱揚之意，不免也像俗世父母之於自己的子女，不是謙虛，而是加上一點點讚美的力道；雖不至於到處嚷嚷，卻也會在適當的時機，順勢推介，或者便請她給媒體作些記錄、寫些訪談稿之類的，她總當一回事，認真努力把事做好，把文章寫好。（註❶）

不僅是我，李老師將他所有的學生、年輕寫作者都當成孩子，總是給予許多的欣賞和肯定，只要有機會，就請學生來磨練文筆、增加經驗值，還有不錯的稿費可領。

確實如此，李老師當年不但將我引介給《聯合文學》的編輯，也將我推薦給《文訊》，提供我近距離貼近當年在文壇已卓然成家的作家，有的作家在當時還不輕易接受採訪，因李老師和封姊的緣故，才答應接受一個碩士班小女生的採訪，現在看起來，這些作家群簡直就是夢幻名單：平路、舒國治、莊裕安等……因為採訪這些作家，我得以跟隨他們走進臺北巷弄，走踏陪伴他們寫作的茶館、咖啡館，聽他們專注向我娓娓道來寫作的故事，這對一位仰慕大作家、也期盼成為作家的學生來說，真是不可思議的魔術時刻。而中央大學的現代文學研究室則是我整理採訪稿的基地，由李老師主持的研究室中藏書豐富，有珍貴的文集史料，成為我寫稿的重要資料庫。

在〈一片繁盛的本草風景——李欣倫散文略論〉中，李老師從鼓勵和理解的角度，系統性地分析了我的作品，也提供了寫作方向的建議，多年來成為我的珍藏。這次重讀，發現老師當年早就對我示範了「之一」和「唯一」的差別。以老師的學術成就和文學聲譽來看，有多少作者渴盼獲得他的垂目和點評吧？且活躍於文壇的老師要過目的書籍何其多，但他卻花費時間細讀年輕作者不成熟的「唯一」，評述的同時注入更多的鼓勵力量。在這篇評述文章後，李老師介紹了與我同世代的青年作家，包括童偉格、伊格言、楊佳嫻、林婉瑜、林德俊、陳栢青等，這些皆已是當今臺灣重要、常被討論和關注的作家群，而李老師早在十多年前，就已慧眼識得這些青年作家的潛力。

這種典型也深植我內心。難怪《幼獅文藝》編輯幾次邀我評述並推薦年輕作家（大多也是大學生或碩士班學生）投稿的作品時，即便手邊稿件繁多，仍答應寫稿的緣故。曾幾何時，只要出版社請我推薦年輕作家第一本書，或是邀請我擔任他們的新書與談人，我也毫不猶豫替他們執筆和站臺，現在想來，才知道這都來自於當年李老師對我的示範。

除了提攜後輩，李老師至今仍以身教示範我的，是對萬事萬物常保一顆寬厚的心。這兩年回母校中央大學任教，有幸在老師邀請下，擔任人文研究中心電子報的主編，近距離觀察老師近年來擔任行政職，在學校推動的眾多事項。李老師近年來積極促成人文與科技的對話，透過講座規劃、學人採訪、書籍編纂與出版，有效地推動跨領域的合作，例如羅家倫校長的作品集編纂和研討會，近年來諸多出版品如《小行星的故事》和發表會；邀集科學家、藝術家、旅行者進行多方對談的「前進南北極」座談，都可見李瑞騰老師將熱情投注於人文與科學的共生、共好與共榮。因此，一場又一場活動、一本又一本書籍的出版，在我眼中，不僅是推廣中央大學師生共同的學術成果，更重要的是真真實實發揮了人文精神和價值：展現了對多元聲音的包容，以及對不同領域懷有恆常的好奇與謙卑，試圖從表面上的差異，尋找細微的共通點和對話可能，唯有如此，方能有效而永續地達致科學與人文的正向互動。

漫步於校園松林間，滿眼綠意，微風輕拂，行經文學院、中大湖，我突然想，這一切景致倒映在李老師眼中，究竟呈現何種風景？宛若哲學家的古老智慧，科學的數據中閃現著動人故事，而每一段如詩畫的敘事中，不也有恆久理則運轉？其中交織的祕意，盡在李老師所規劃的《小行星的故事》、《百花川的故事》、《銘刻與記憶》等書中，無論天文、川流、紀念碑和宇宙含藏的一切物事，皆同時訴說科學和人文的雙語，而老師必定深曉其意：科學人和文學人的心。

難道李老師懂得讀心術？

懂得去理解剛開始起步的寫作者、青年作家再到穿梭天文、水文、地質科學家的心？這不禁令我想到最近發生的事。

因撰寫一篇文稿，急需閱讀某一本八〇年代末的小書，不過學校圖書館找不到這本小說，正想隔天去國家圖書館尋找。沒想到隔天和李老師、幾位重要的詩人、學者在臺北開會前，老師一見到我，就從書包裡緩緩拿出這本書，好像魔術師從高帽中變出白鴿。

「欣倫，妳在找這本書嗎？」老師的笑容親切。

「對啊，老師你怎麼知道？」捧過書，我驚喜得幾乎尖叫。

這就是我所認識的李瑞騰老師，永遠將別人的事放在心上，即便只是一本書、一篇文章、一場談話，只要他知道，就有應許。

神祕又溫暖的讀心術。

註❶：李瑞騰：〈一片繁盛的本草風景——李欣倫散文略論〉，《幼獅文藝》六三七期，二〇〇七年一月。

作者簡介

李欣倫，中央大學中國文學系副教授，出版《藥罐子》、《此身》、《以我為器》及《原來你什麼都不想要》等散文集，《以我為器》獲二〇一八年國際書展非小說類大獎，亦入選《文訊》「二十一世紀上升星座：一九七〇後臺灣作家作品評選」中二十本散文集之一。

編後記

瑞騰老師要過七十整壽了！想起來常覺得不可思議。不僅是老師，連我自己也將要邁入天命之年。雖然我很平靜地過著每一天，對於生活也感到很滿意，但是總不免感嘆歲月無情，歲月流逝畢竟人間有情。不僅有情，還有愛。我們都愛瑞騰老師，我最愛他的一點是有一回他突然說道：「奇怪，為什麼有些人畢業之後，就完全沒有消息了呢？」我順口接話：「有些人去當兵了。」老師馬上反應：「就算是當兵，也還活著吧！」

最後這句話讓我沉吟了十多年。老師指導學生，是付出感情的，而最終所希望的不過就是盼著時常捎來一點音信。所以我總是在老師的話語中感受到濃厚的溫情。原來人與人之間的相親，不僅是靠因緣聚合，也需要付出主動的經營。能夠讓我們相聚一時的，可能是基於某些神祕而錯綜的緣由；但接下來讓我們長相守的，必定就是實實在在的聯繫了。

古人云：「君子以文會友，以友輔仁。」我們同門師兄弟姊妹俱為博學多才的文雅之士，在老師慶壽與榮退的這一刻，理當實實在在地以文章來互相分享發自內心的祝福和感謝。所幸在徵稿的過程中得到很大回響！一共有三十一篇感性與理性兼具，同時句句真情流露，發自肺腑的好文章提供集結成冊。

其中輯一各篇的作者是老師初入杏壇所教過的學生，他們不僅沒有在畢業之後消失得無影無蹤，反而是與老師保持了許多年的互動與聯繫。因此他們與老師相處的時間最長久。輯二、輯三各篇作者都是老師在中央大學所指導的學生。長期耳濡目染，受老師的教導和影響最深！因此向心力也最強，始終與老師不離不棄。輯四的作者群是老師在臺灣文學館以及中大中文系的年輕後輩同事們，老師非常感念曾經與大家共事的美好時光，而我在向他們邀稿的過程中，也十分順利，幾乎每一位作者都很愛老師，因此都很爽快地一口答應寫作交稿。

此刻我回想起當初老師看完了所有的初稿之後，曾經說過的一句話：「我會找時間和妳分享我的感動。」我想像著這句話的背後，隱含著他在這三十一篇文章中所得到的是怎樣的感受？

果然老師大筆一揮，定下書名——《從愛出發》。既然是出發，那就表示一切才剛開始。祝福老師從榮退的那一刻起，擁有更開闊，更自由的文學天地與人生願景。同時衷心感謝與我一同撰寫此書的師長們。謝謝張堂錡大師兄精彩的序文。謝謝九歌出版社陳素芳總編輯的支持。願將此書獻給熱愛文學，以及正走在文學道路上的每一位讀者。

朱嘉雯　二〇二二年七月二十一日於東華大學

從愛出發

——李瑞騰教授七秩榮退紀念文集

國家圖書館出版品預行編目（CIP）資料

從愛出發 : 李瑞騰教授七秩榮退紀念文集 / 朱嘉雯主編 . -- 初版 . --
臺北市 : 九歌出版社有限公司 , 2022.12
面； 公分
ISBN 978-986-450-512-8 (平裝)
1.CST: 李瑞騰 2.CST: 臺灣傳記 3.CST: 文集
783.3886 111019059

主　　編——朱嘉雯
執行編輯——鍾欣純
創 辦 人——蔡文甫
發 行 人——蔡澤玉
出　　版——九歌出版社有限公司
台北市 105 八德路 3 段 12 巷 57 弄 40 號
電話 / 02-25776564・傳真 / 02-25789205
郵政劃撥 / 0112295-1

九歌文學網　www.chiuko.com.tw

印　　刷——晨捷印製股份有限公司
法律顧問——龍躍天律師 ・ 蕭雄淋律師 ・ 董安丹律師
初　　版——2022 年 12 月
定　　價——320 元
書　　號——0401014
I S B N——978-986-450-512-8